LE

FABLIER DES ÉCOLES.

DEUXIÈME PARTIE.

1, c. Derobry, E. Magdeleine & cie

Ouvrages du même auteur.

LES GLANURES D'ÉSOPE, recueil de fables en vers. 1 vol. in-8º. Prix.   5 fr.

LA MISSION DE JEANNE D'ARC, drame en vers. 1 fr. 50

L'ART POÉTIQUE D'HORACE, traduit en vers français.   60 c.

LA THÉODIE, recueil de chants sacrés tirés de la Bible, à l'usage des écoles primaires. 1 vol. in-12.   50 c.

TROIS MOIS SOUS LA NEIGE, journal d'un jeune habitant du Jura, ouvrage destiné à servir de livre de lecture courante dans les écoles primaires, 1 vol. in-18, prix, br. ou cart.   60 c.

PARIS. — IMPRIMÉ PAR J. CLAYE ET Cᵉ, RUE SAINT-BENOÎT, 7

LE
FABLIER DES ÉCOLES

OU

CHOIX DE FABLES

DES FABULISTES FRANÇAIS,

Avec une explication morale
et des notes destinées à en rendre la lecture plus facile
et plus utile aux enfants.

PAR M. J. J. PORCHAT,
Professeur de Littérature.

—

2me PARTIE:

FABLES CHOISIES DE FLORIAN
ET D'AUTRES FABULISTES FRANÇAIS.

PARIS,
DEZOBRY, E. MAGDELEINE, ET Cᵉ, LIB.-ÉDITEURS,
Rue des Maçons-Sorbonne, 1.

—

1849

AVERTISSEMENT.

Voyez en tête de la première partie, page 5, les *Conseils aux élèves sur l'utilité et la lecture des fables.*

NOTICE BIOGRAPHIQUE

SUR FLORIAN.

Jean-Pierre-Claris de FLORIAN naquit en
1755 au château de Florian, dans les Basses-Cé-
vennes. Ce château avait été construit par son
grand-père, et Florian y passa ses premières années. Il conserva toujours un doux souvenir de ce
temps, où le bon vieillard le promenait dans son
domaine, en lui faisant admirer ses plantations.
Florian ne connut pas sa mère, l'ayant perdue
dès son bas âge. Tout ce qu'il savait d'elle entre-
tint chez lui le regret de sa perte, et il dut peut-
être à cette affection filiale la douce sensibilité
qui règne dans ses écrits. Florian avait été destiné à la carrière militaire, mais il fut attaché à
la maison du duc de Penthièvre, et c'est dans les
loisirs que lui laissait son office qu'il composa
plusieurs ouvrages en prose et en vers. Son re-

cueil de fables est le plus intéressant et le meilleur. Nul écrivain n'avait eu autant de succès
dans ce genre depuis La Fontaine. Il a le mérite
d'avoir inventé le sujet de plusieurs de ses apo-
logues.

Florian était bon, aimable, généreux. Il réser-
vait toujours une portion du prix de ses ouvrages
pour les indigents. Il paya de ses propres deniers
les dettes de son père, et donna une chaumière
et un champ, seule partie de son patrimoine
qu'il eût conservée, à une pauvre domestique
qui avait servi son père pendant quarante ans.

Il vécut à Paris ; mais, au commencement de
la révolution, il s'était retiré à Sceaux. Il y fut
arrêté inopinément, et quoiqu'il eût été délivré
après le 9 thermidor, il ne fit dès lors que lan-
guir. Il mourut à Sceaux, avant d'avoir atteint sa
quarantième année.

N. B. Les numéros mis à la suite du titre de chaque fable,
entre parenthèses, indiquent le livre et la fable du recueil
complet du fabuliste.

LE

FABLIER DES ÉCOLES.

―――

FABLES CHOISIES

DE FLORIAN.

―――

1.

LES DEUX VOYAGEURS. (I, 4)

Le compère Thomas et son ami Lubin
Allaient à pied tous deux à la ville prochaine[1].
   Thomas trouve sur son chemin
   Une bourse de louis pleine[2];
Il l'empoche aussitôt[3]. Lubin, d'un air content,
   Lui dit: « Pour nous la bonne aubaine[4]!—

―――

[1] « Voisine. »

[2] « Pleine de louis. » Inversion.

[3] Ce mot et la suite font voir que Thomas regarde, dès ce moment, la bourse comme étant à lui : injuste pensée ! Celui qui a trouvé un objet n'en est d'abord que le dépositaire, et ne peut le considérer comme sien qu'après avoir fait inutilement toutes les démarches possibles pour découvrir le propriétaire. Retenir un objet perdu, lorsqu'on sait ou qu'on peut savoir à qui il appartient, c'est commettre un acte d'infidélité pareil au vol.

[4] « Quelle bonne aubaine pour nous! » Avant que les nations de l'Europe fussent unies, comme elles le sont, par des traités, quand un étranger mourait chez une d'elles, le

Non, répond Thomas froidement,
Pour nous n'est pas bien dit, *pour moi* c'est différent[5].»
Lubin ne souffle plus [6]; mais en quittant la plaine,
Ils trouvent des voleurs cachés au bois voisin.

Thomas tremblant, et non sans cause[7],
Dit : « Nous sommes perdus !—Non, lui répond Lubin,
Nous n'est pas le vrai mot; mais *toi*, c'est autre chose[8].»
Cela dit[9], il s'échappe à travers les taillis[10].
Immobile de peur, Thomas est bientôt pris :
Il tire la bourse et la donne.

Qui ne songe qu'à soi quand sa fortune est bonne,
Dans le malheur n'a point d'amis.

Nous ne prendrons pour modèles ni le compère Tho-

---

gouvernement du pays s'emparait de la succession par droit d'*aubaine,* au préjudice des parents. De là on a nommé *aubaine* tout profit soudain et inespéré.

[5] « Tu l'exprimes mal, quand tu dis que *nous* avons fait là une heureuse trouvaille ; c'est pour *moi* seul que je l'ai faite; la bonne aubaine n'est que pour moi. »

[6] « Ne dit plus mot. » La réponse sèche et dure de Thomas lui a fermé la bouche.

[7] Celui qui porte beaucoup d'argent a facilement beaucoup de peur, *et non sans cause.* Voyez plutôt le Mulet du fisc de notre La Fontaine ; première partie, fable 4.

[8] La réplique de Lubin est plus vive que généreuse ; elle ne lui fait pas honneur. Quant à sa fuite, qu'elle soit l'effet de la rancune ou de la peur, nous sommes bien sûr que vous ne l'approuverez pas non plus.

[9] « Quand il eut dit cela. »

[10] « Taillis, » forêt que l'on coupe périodiquement, par exemple tous les vingt ans. On distingue des *taillis* les bois de *haute futaie,* auxquels on laisse prendre toute leur croissance, et dans lesquels on ne coupe d'ordinaire que des arbres choisis.

mas, ni son ami Lubin, l'un avare et égoïste, l'autre lâche et vindicatif. L'aimable et bon Florian, qui détestait ces défauts, n'aurait pu les peindre d'une manière plus propre à vous inspirer la même aversion, si déjà vous ne l'éprouviez pas.

C'est peu de partager avec ses amis une aubaine, un profit de hasard, nous devons partager avec un inconnu, s'il en a besoin, notre pain de chaque jour, gagné avec fatigue et avec souci. En faisant cela nous n'agirons pas d'une manière intéressée, et pour être secourus à notre tour ; mais cependant, par une juste conséquence de notre charité, nous trouverons des amis, si nous venons à tomber dans le malheur.

2.

LA CARPE ET LES CARPILLONS. (I, 7)

« Prenez garde, mes fils [1], côtoyez moins le bord,
 Suivez le fond de la rivière ;
 Craignez la ligne meurtrière [2] ;
Ou l'épervier [3], plus dangereux encor. »

---

[1] Le fabuliste nous représente une mère carpe suivie de sa famille. Cela lui est permis, parce qu'il est poète, et qu'on est convenu de laisser les poètes se livrer à leur imagination ; mais, en réalité, vous ne verrez jamais chez les poissons une mère suivie de sa famille, comme une poule est accompagnée de ses poussins. Les œufs des poissons, abandonnés par la mère dans des lieux favorables, éclosent d'eux-mêmes. Les petits poissons ne connaissent ni père ni mère.

[2] La ligne prend le poisson pour le livrer au pêcheur : elle est donc complice du *meurtrier*.

[3] Il ne s'agit pas ici de l'oiseau de proie, mais d'une sorte de filet, auquel on a donné, par *analogie*, c'est-à-dire par ressemblance, le nom de l'oiseau, à cause de la manière soudaine dont cet instrument prend le poisson, en fondant sur lui. Le filet nommé *épervier* est de forme ronde, et garni

C'est ainsi que parlait une carpe de Seine
A de jeunes poissons qui l'écoutaient à peine.
C'était au mois d'avril : les neiges, les glaçons,
Fondus par les zéphyrs [4] descendaient des montagnes.
Le fleuve enflé par eux [5] s'élève à gros bouillons,
    Et déborde dans les campagnes.
    « Ah! ah ! criaient les carpillons,
    Qu'en dis-tu, carpe radoteuse ?
    Crains-tu pour nous les hameçons [6] :
Nous voilà citoyens de la mer orageuse;
Regarde : on ne voit plus que les eaux et le ciel,
    Les arbres sont cachés sous l'onde,
    Nous sommes les maîtres du monde,
    C'est le déluge universel. —
Ne croyez pas cela, répond la vieille mère,
Pour que l'eau se retire il ne faut qu'un instant [7] :

---

de morceaux de plomb dans son contour ; le pêcheur, après l'avoir disposé sur son épaule, le jette tout d'un coup, en l'étalant, sur la place où il espère attraper du poisson ! Les morceaux de plomb entraînent rapidement le filet jusqu'au fond de l'eau, et font prisonnier tout ce qui se trouve dans le cercle fatal. Il ne s'agit plus que de retirer le filet, en resserrant peu à peu le bord inférieur, et en prenant soin de l'attacher au fond de l'eau, afin que le poisson arrive du filet jusque dans les mains du pêcheur. L'épervier est *plus dangereux* que la ligne, parce qu'il peut prendre beaucoup de poissons à la fois.

[4] Vent doux d'occident qui souffle surtout au printemps.

[5] « Par les neiges et les glaçons fondus, » ou bien « par les zéphyrs », puisque ce sont eux qui ont fondu les glaçons et les neiges.

[6] Pour eux, ils ne les craignent plus, parce qu'ils croient le genre humain anéanti par ce prétendu déluge universel, dont ils parlent plus bas ; plus d'hommes, plus d'hameçons.

[7] Ou du moins un temps assez court.

Ne vous éloignez point, et, de peur d'accident,
Suivez, suivez toujours le fond de la rivière. —
Bah! disent les poissons, tu répètes toujours
          Mêmes discours[8].
Adieu, nous allons voir notre nouveau domaine[9].»
      Parlant ainsi, nos étourdis
      Sortent tous du lit de la Seine,
Et s'en vont dans les eaux qui couvrent le pays.
      Qu'arriva-t-il? les eaux se retirèrent,
          Et les carpillons demeurèrent;
              Bientôt ils furent pris
                  Et frits.

Les Carpillons de Florian ne vous ont-ils pas rappelé les Oisillons de La Fontaine (première partie, fable 5), et le discours de la bonne carpe ceux de la sage hirondelle? L'une et l'autre parlèrent inutilement, et les petits poissons furent punis aussi sévèrement que les petits oiseaux. Les deux poëtes ont cru nécessaire de donner cette leçon aux enfants, et nous n'avons pas hésité à revenir sur ce sujet, parce que nous voyons tous les jours les suites fâcheuses de l'indocilité. Chose étrange! Les jeunes gens espèrent bien acquérir, avec les années, du savoir, de l'expérience, de la sagesse, et pourtant ils ne veulent pas toujours reconnaître que les personnes déjà parvenues au point où ils parviendront un jour soient capables de leur donner de bons avis!

Cependant nous sommes semblables à des voyageurs qui passent tour à tour par le même chemin; nous

---

[8] La jeunesse se plaint quelquefois que l'âge mûr et les vieillards lui répètent les mêmes leçons : c'est que les jeunes gens répètent toujours les mêmes fautes.

[9] « Les lieux momentanément envahis par les eaux. » C'est en effet comme un nouvel empire pour les poissons.

rencontrons les mêmes obstacles, nous courons les mêmes dangers. Ceux qui sont près d'achever leur course se retournent avec inquiétude vers ceux qui les suivent, et, quand ils leur signalent ici des épines, là un précipice, ils ont droit d'être écoutés.

3.

LE LIERRE ET LE THYM. (I, 15)

« Que je te plains, petite plante!
Disait un jour le lierre au thym [1] :
Toujours ramper, c'est ton destin [2] ;
Ta tige chétive et tremblante
Sort à peine de terre, et la mienne dans l'air,
Unie au chêne altier [3] que chérit Jupiter [4],
    S'élance avec lui dans la nue. —
Il est vrai, dit le thym, ta hauteur m'est connue;
Je ne puis sur ce point disputer avec toi :

---

[1] Plusieurs d'entre vous connaissent ces deux plantes ; le lierre, qui grimpe aux arbres et aux murailles, dont l'appui est nécessaire à sa faiblesse, et le thym, petite plante odoriférante, que l'on cultive quelquefois dans les jardins, et qu'on trouve aussi à l'état sauvage dans les prairies.

[2] « Ton sort est de ramper toujours. » Ceci n'est pas vrai ; le thym s'élève peu, mais il se soutient fort bien par lui-même. Le poète, en faisant parler le lierre d'une manière inexacte, prépare l'effet de la réponse du thym, qui frappe d'autant plus par sa justesse. C'est précisément le lierre qui ne s'élève qu'en rampant.

[3] « Orgueilleux. » Le lierre se croit pareil au chêne, et n'est pas moins *altier* que lui.

[4] Les Grecs avaient consacré le chêne à Jupiter, le roi des dieux.

Mais je me soutiens par moi-même ;
Et sans cet arbre, appui de ta faiblesse extrême,
Tu ramperais plus bas que moi. »

L'orgueil ne convient à personne, mais il est surtout choquant chez les gens, tels que ce lierre, qui se glorifient d'avantages qu'ils doivent à d'autres, comme nous avons vu le Geai se *pavaner* avec des plumes de paon, (première partie, fable 12). Le lierre est tout fier de porter sa tête si haut, et il oublie que, s'il n'avait pas trouvé l'appui du chêne, il aurait traîné ses faibles tiges sur la terre.

Non-seulement il se vante mal à propos, mais encore il exprime son mépris pour le thym modeste, qui fleurit à ses pieds. Le thym, provoqué par le ton dédaigneux de son grand voisin, sort un moment de son caractère, et fait valoir ses droits à l'estime : il se suffit à lui-même ; le peu qu'il est il ne le doit qu'à ses propres forces.

Vous reconnaîtrez dans le thym l'image de ces hommes laborieux et pleins d'honneur, qui se font par leur seul travail une modeste position, dont ils savent se contenter.

4.

L'AVEUGLE ET LE PARALYTIQUE [1]. (I, 20)

Aidons-nous mutuellement [2],

---

[1] Un *paralytique* est une personne attaquée de *paralysie*, maladie qui prive le corps ou quelques-unes de ses parties de mouvement et même de sentiment. Quand on a les jambes paralysées, on ne peut marcher, ni même se tenir debout.

[2] « Les uns les autres. »

La charge des malheurs en sera plus légère [3];
    Le bien que l'on fait à son frère
Pour le mal que l'on souffre est un soulagement.
Confucius [4] l'a dit ; suivons tous sa doctrine [5] :
Pour la persuader aux peuples de la Chine,
    Il leur contait le trait suivant.

    Dans une ville de l'Asie
    Il existait deux malheureux,
L'un perclus [6], l'autre aveugle, et pauvres tous les deux.
Ils demandaient au ciel de terminer leur vie :
    Mais leurs cris étaient superflus [7],
Ils ne pouvaient mourir. Notre paralytique,

---

[3] « Nos malheurs nous en paraîtront plus supportables, »
ce qui est expliqué dans les deux vers suivants. Nous trou-
vons une grande douceur à soulager nos frères, et ce plaisir
nous fait oublier nos peines. Il est impossible d'exprimer
mieux les plus belles et les plus salutaires vérités.

[4] Homme dont la mémoire est vénérée chez le peuple
chinois, parce qu'il a enseigné une excellente morale, qui
ressemble à celle de Jésus-Christ. Si Florian s'appuie plutôt
ici sur l'autorité de Confucius, c'est qu'il veut placer la
scène de son apologue en Asie, où se trouve la Chine, patrie de ce sage. Mais tout le fond de cette belle fable est
tellement d'accord avec les divins préceptes du Sauveur des
hommes, qu'elle rappelle les simples et sublimes paraboles
du Nouveau-Testament, particulièrement celle du secourable
Samaritain. (Saint-Luc, chap. X, $\mathscr{y}$. 30.)

[5] Une *doctrine* est « un ensemble de vérités». La doctrine
chrétienne est l'ensemble des dogmes enseignés et des de-
voirs prescrits par notre religion. Cette doctrine nous suffit,
et nous enseigne exactement ce que Florian expose ici.

[6] « Paralytique, » incapable de se mouvoir.

[7] On appelle d'ordinaire *superflu* « ce qui est de trop ».
Si, par exemple, on a dit clairement une chose, il est *superflu* de la répéter. Mais quelquefois *superflu* signifie *inu-*

Couché sur un grabat[8] dans la place publique,
Souffrait sans être plaint[9]; il en souffrait bien plus[10].
      L'aveugle, à qui tout pouvait nuire,
      Était sans guide, sans soutien,
      Sans avoir même un pauvre chien
      Pour l'aimer et pour le conduire.
      Un certain jour il arriva
Que l'aveugle à tâtons, au détour d'une rue,
      Près du malade se trouva ;
Il entendit ses cris, son âme en fut émue.
      Il n'est tels que les malheureux
      Pour se plaindre les uns les autres [11].
« J'ai mes maux, lui dit-il, et vous avez les vôtres;
Unissons-les[12], mon frère, ils seront moins affreux.
—Hélas ! dit le perclus, vous ignorez, mon frère,
      Que je ne puis faire un seul pas ;
    Vous-même vous n'y voyez pas [13] :

---

tile. Ici les cris du paralytique et de l'aveugle étaient *inutiles;* ces malades ne pouvaient mourir, quoiqu'ils le deman-
dassent avec ardeur.

[8] Mauvais lit.

[9] La doctrine de Confucius avait donc laissé les habitants
de cette ville chinoise dans une bien dure insensibilité. Les
chrétiens, si éloignés qu'ils soient de leur divin modèle, auraient plaint le pauvre paralytique ; ils l'auraient porté à
l'hôpital, où il eût reçu les soins les plus dévoués et les mieux
entendus.

[10] Car la pitié est un baume pour les blessures.

[11] Cette pensée a été plusieurs fois exprimée; elle est
aussi juste que belle. On la trouve déjà dans Virgile, célèbre
poète latin. « J'ai connu la souffrance, dit-il, et j'ai appris à
secourir les malheureux. »

[12] « Unissons nos maux » ou plutôt: « unissons-nous l'un
à l'autre dans notre malheur. »

[13] *Vous n'y voyez pas* veut dire « vous êtes aveugle » ou

A quoi nous servirait d'unir notre misère? —
A quoi? répond l'aveugle; écoutez : A nous deux
Nous possédons le bien à chacun nécessaire;
    J'ai des jambes, et vous des yeux :
Moi, je vais vous porter; vous, vous serez mon guide,
Vos yeux dirigeront mes pas mal assurés,
Mes jambes, à leur tour, iront où vous voudrez.
Ainsi, sans que jamais notre amitié décide
Qui de nous deux remplit le plus utile emploi [14],
Je marcherai pour vous, vous y verrez pour moi.»

Cette belle fable semble d'abord ne s'adresser qu'aux
plus malheureux d'entre les hommes, et leur enseigner
une vérité dont ils auraient seuls besoin. Mais l'utilité
de cet apologue, le plus remarquable peut-être que
Florian ait composé, est bien plus étendue : tous les
hommes peuvent en profiter ; car il n'en est aucun qui
ne soit exposé à souffrir, et qui n'ait besoin de ses frères.
Aider, être aidés, voilà notre vie; c'est ainsi qu'elle
s'ennoblit, qu'elle s'embellit. Mais il est sûr que les
malheureux ont plus besoin que tous les autres d'exercer la charité, parce que rien n'est plus propre à rele-
ver leur courage. Sommes-nous dans la souffrance?
Faisons du bien, beaucoup de bien, et nous serons con-
solés.

Comparez avec nos deux Asiatiques le Lion et le Rat,

« vous êtes dans les ténèbres ». *Vous ne voyez pas* signi-
fierait qu'avec de bons yeux et une lumière suffisante vous
n'apercevez pas un certain objet.

[14] C'est un des caractères de l'amitié. On n'y regarde pas
de si près ; un ami ne recherche pas curieusement s'il ne
rend point plus de services qu'il n'en reçoit; au contraire,
il croit n'en faire jamais assez, pour reconnaître ce qu'il doit
à son ami.

la Colombe et la Fourmi, le Corbeau, la Gazelle, la Tortue et le Rat (première partie, pages 39, 42, 125) : vous trouverez dans ces fables de La Fontaine d'autres exemples de charité. C'est un sujet sur lequel on ne saurait revenir trop souvent.

5.

LA MÈRE, L'ENFANT ET LES SARIGUES [1]. (II, 1)

« Maman, disait un jour à la plus tendre mère
Un enfant péruvien [2], sur ses genoux assis [3],
Quel est cet animal qui, dans cette bruyère,
    Se promène avec ses petits ?
Il ressemble au renard [4]. — Mon fils, répondit-elle,
    Du sarigue c'est la femelle [5] ;
    Nulle mère pour ses enfants
N'eut jamais plus d'amour, plus de soins vigilants.
La nature [6] a voulu seconder sa tendresse [7],

---

[1] Espèce d'animaux qu'on appelle *marsupiaux*, c'est-à-dire *animaux à poche*, parce qu'en effet la femelle a une sorte de poche au ventre. Les petits qui, dans ces espèces, naissent peu formés, passent du sein de leur mère dans cette poche, où ils achèvent de se développer tout en s'allaitant.

[2] Les Péruviens sont les habitants du Pérou, contrée de l'Amérique du sud, où vivent les sarigues.

[3] « Assis sur ses genoux. » Inversion.

[4] A vrai dire, la sarigue est un animal assez différent du renard.

[5] « C'est la femelle du sarigue. »

[6] C'est-à-dire l'*Auteur de la nature*, car la *nature* est la création elle-même, qui n'a ni intelligence ni volonté.

[7] « L'aider dans le désir qu'elle a constamment de soigner, de protéger ses petits. »

Et lui lit près de l'estomac
Une poche profonde, une espèce de sac,
   Où ses petits, quand un danger les presse [8],
   Vont mettre à couvert leur faiblesse.
Fais du bruit, tu verras ce qu'ils vont devenir.»
L'enfant frappe des mains ; la sarigue attentive
   Se dresse, et d'une voix plaintive,
Jette un cri ; les petits aussitôt d'accourir,
   Et de s'élancer [9] vers la mère,
En cherchant dans son sein leur retraite ordinaire.
   La poche s'ouvre, les petits
   En un instant y sont blottis [10].
Ils disparaissent tous ; la mère avec vitesse
   S'enfuit emportant sa richesse [11].
La Péruvienne alors dit à l'enfant surpris :
   « Si jamais le sort t'est contraire [12],
Souviens-toi du sarigue, imite-le, mon fils :
L'asile le plus sûr est le sein d'une mère. »

Mais l'enfant grandira, il prendra des forces, il se

---

8 « Les poursuit, les menace. »

9 *Les petits d'accourir et de s'élancer*, pour « les petits accourent et s'élancent. » Nous avons déjà vu ce tour de phrase dans La Fontaine :

   Et boquillons de perdre leur outil,
   Et de crier, etc.   (1re partie, p. 64.)

   L'homme de suivre et de jeter
   Tout ce qui lui pesait.   (1re partie, p. 128.)

10 « Cachés, tapis. »

11 Charmante expression, qui rend bien la force de l'amour maternel.

12 « Si jamais le sort, la fortune s'opposent à ton bonheur, si tu éprouves des revers, réfugie-toi auprès de ta mère ; c'est la retraite la plus sûre. »

verra bientôt homme fait, et la mère vieillira, elle re-
deviendra faible à son tour, et, *si le sort lui est contraire*, elle trouvera aussi près de son fils un asile assuré.

6.

LA BREBIS ET LE CHIEN. (II, 5)

La brebis et le chien, de tous les temps [1] amis,
Se racontaient un jour leur vie infortunée.
« Ah ! disait la brebis, je pleure et je frémis
Quand je songe au malheur de notre destinée [2] :
Toi, l'esclave de l'homme, adorant des ingrats,
    Toujours soumis, tendre et fidèle,
    Tu reçois, pour prix de ton zèle,
    Des coups, et souvent le trépas.
    Moi, qui tous les ans les habille [3],
Qui leur donne du lait et qui fume leurs champs [4],
Je vois chaque matin quelqu'un de ma famille
    Assassiné par ces méchants.
Leurs confrères les loups [5] dévorent ce qui reste.

---

[1] Dites plutôt : « de tout temps. »

[2] « Sort, condition. »

[3] On tond chaque année les moutons. Cela se fait au
printemps, quand la laine leur devient inutile ou même
incommode.

[4] *Fumer les champs* c'est « les engraisser, les féconder
avec du fumier ». La brebis n'oublie, vous le voyez, aucun
des services qu'elle nous rend.

[5] Cette expression énergique est fort belle, et bien placée,
il faut en convenir, dans la bouche de la brebis.

Victimes de ces inhumains[6],
Travailler pour eux seuls et mourir par leurs mains,
Voilà notre destin funeste. —
Il est vrai, dit le chien : mais crois-tu plus heureux
Les auteurs de notre misère ?
Va, ma sœur, il vaut encor mieux
Souffrir le mal que de le faire[7]. »

Ici Florian, à l'imitation de ce que nous avons vu dans La Fontaine, prend parti pour les animaux contre les hommes. Dans le dessein qu'il a de donner un exemple d'ingratitude et de cruauté, c'est nous-mêmes qu'il choisit, pour nous faire jouer le mauvais rôle. Il n'y a pas trop de mal à cela. Nous sommes naturellement si disposés à l'orgueil, nous avons si bonne opinion de nous-mêmes, qu'il est assez à propos de nous humilier quelquefois.

Un raisonneur répondrait peut-être à la brebis, qu'en mangeant la chair des moutons, après les avoir engraissés, nous cédons à un instinct irrésistible, et que nous ne sommes ni des barbares, ni des assassins : mais ce raisonnement, fort bon peut-être pour un spectateur indifférent, ne pourrait être accepté par la victime. Veut-on que les petits oiseaux trouvent juste et bon que le vautour les dévore ? Pour les mauvais traitements que nous faisons souvent souffrir aux chiens et à d'autres animaux, ils n'ont pas la nécessité pour excuse, et sont de tout point condamnables.

---

6 La brebis désigne par là non pas les loups, mais les hommes, les *humains*, si vous voulez, qu'elle doit appeler *inhumains*, en les jugeant comme brebis.

7 Belle pensée, et si vraie que le poète aurait pu dire : « il vaut *toujours* mieux, etc. »

7.

LE TROUPEAU DE COLAS. (II, 5)

Dès la pointe du jour[1], sortant de son hameau,
Colas, jeune pasteur[2] d'un assez beau troupeau,
    Le conduisait au pâturage[3].
    Sur sa route il trouve un ruisseau
Que, la nuit précédente, un effroyable orage
Avait rendu torrent[4]; comment passer cette eau?
Chien, brebis, et berger, tout s'arrête au rivage.
En faisant un circuit[5], l'on eût gagné le pont;
C'était bien le plus sûr, mais c'était le plus long;
Colas veut abréger. D'abord il considère
    Qu'il peut franchir cette rivière[6];

---

[1] « Dès que le jour eut commencé de luire, de poindre. »

[2] « Berger, pâtre. »

[3] Un *pâturage* est proprement une prairie dont l'herbe n'est jamais fauchée, et où l'on mène les troupeaux pendant toute la belle saison. On voit de ces pâturages dans les montagnes, par exemple, dans les Alpes et le Jura. Mais on appelle aussi *pâturages* les prés et les champs, lorsqu'on y conduit les troupeaux, pour brouter la dernière herbe qui croît après les récoltes.

[4] Un *ruisseau* est intarissable; il coule d'ordinaire paisiblement, et, le plus souvent, son eau est limpide; un *torrent* est un courant d'eau formé subitement par les pluies orageuses; il est limoneux; il roule souvent du gravier, des pierres; son cours est impétueux et dévastateur.

[5] « Un détour. »

[6] « Une *rivière* n'est proprement pas un torrent; elle a tous les caractères du ruisseau: seulement elle est beaucoup plus grande.

Et, comme ses béliers [7] sont forts,
Il conclut que sans grands efforts
Le troupeau sautera. Cela dit [8], il s'élance ;
Son chien saute après lui, béliers d'entrer en danse [9],
A qui mieux mieux [10], courage, allons !
Après les béliers, les moutons ;
Tout est en l'air, tout saute : et Colas les excite ,
En s'applaudissant du moyen [11].
Les béliers, les moutons, sautèrent assez bien :
Mais les brebis vinrent ensuite,
Les agneaux, les vieillards, les faibles, les peureux,
Les mutins [12], corps toujours nombreux ,
Qui refusaient le saut et sautaient de colère [13],
Et, soit faiblesse, soit dépit,
Se laissaient choir [14] dans la rivière.
Il s'en noya le quart ; un autre quart s'enfuit,
Et sous la dent du loup périt.
Colas, réduit à la misère,
S'aperçut, mais trop tard, que pour un bon pasteur,
Le plus court n'est pas le meilleur [15].

---

[7] Les moutons mâles.

[8] « Quand il eut dit cela en lui-même. »

[9] « Les béliers entrent en danse, » c'est-à-dire qu'ils sautent à leur tour.

[10] « C'est à qui sautera le mieux. »

[11] « En se félicitant lui-même d'avoir pris le parti d'abréger. »

[12] « Les rebelles, les désobéissants. » Il y a toujours beaucoup de gens de cette espèce dans une multitude, et ils causent aux chefs de grands embarras.

[13] Qui refusaient d'abord de sauter, et qui, se décidant à la fin, mais à contre-cœur, sautaient mal et tombaient dans l'eau.

[14] « Tomber. »

[15] « Le moyen le plus court n'est pas le meilleur. »

Cela est vrai non-seulement pour les bergers, mais pour tous les hommes. Hors certaines occasions, où nous devons prendre notre parti sur-le-champ, et nous hâter d'agir, parce que le cas est pressant, il vaut mieux user d'une sage lenteur; l'ouvrage est mieux fait; il est plus durable; il y a moins de pertes accidentelles.

Ceux qui agissent précipitamment le font par légèreté, paresse ou impatience; quelquefois c'est par le vain désir d'avoir achevé plus tôt que les autres. Il est rare qu'on n'ait pas lieu de s'en repentir. Au reste, un pasteur, c'est-à-dire le conducteur d'un troupeau (et sous ce personnage Florian veut représenter le chef d'un peuple), est plus condamnable qu'un autre, quand il agit à la hâte, parce que le salut du grand nombre repose sur lui.

8.

L'ENFANT ET LE MIROIR. (II, 8)

Un enfant élevé dans un pauvre village [1]
Revint chez ses parents, et fut surpris d'y voir
Un miroir [2].
D'abord il aima son image [3];

---

[1] On l'avait mis en nourrice sans doute, suivant l'usage de Paris et d'autres villes.

[2] Il n'y en avait pas dans ce village très-pauvre. Cela n'est plus guères possible aujourd'hui, que tant d'objets de luxe se fabriquent à si bon marché, et sont mis à la portée de toutes les fortunes.

[3] S'étant placé devant la glace, il y vit ses traits réfléchis. Comparez la fable du Cerf se voyant dans l'eau; première partie, p. 86, notes 5 et 7. — « Elle lui plut. »

Et puis, par un travers[4] bien digne d'un enfant,
  Et même d'un être plus grand[5],
  Il veut outrager[6] ce qu'il aime[7],
Lui fait une grimace, et le miroir la rend[8].
   Alors son dépit est extrême ;
  Il lui montre[9] un poing menaçant,
  Il se voit menacé de même.
Notre marmot fâché s'en vient[10], en frémissant,
  Battre cette image insolente ;
Il se fait mal aux mains. Sa colère en augmente ;
  Et furieux, au désespoir,
  Le voilà devant ce miroir,
  Criant, pleurant, frappant la glace[11].
Sa mère, qui survient, le console[12], l'embrasse,
  Tarit[13] ses pleurs, et doucement[14] lui dit :
« N'as-tu pas commencé par faire la grimace

---

[4] « Une fantaisie, un caprice. »

[5] « Un homme fait ; » car les hommes faits ne sont pas toujours plus raisonnables que les enfants.

[6] « Offenser, insulter. »

[7] « Cette image qui lui plaît. ».

[8] Il n'est pas besoin de vous dire qu'il en devait être ainsi; vous savez tous, par expérience, que vous verrez vos moindres gestes reproduits sur-le-champ par le miroir.

[9] « Il montre au miroir ou à l'image. » *Lui* peut se rapporter à l'un ou à l'autre.

[10] « *S'en vient battre*, » pour « commence à battre. »

[11] Le *miroir*, c'est tout l'objet y compris le cadre ; la glace c'est le verre.

[12] Elle aurait pu d'abord le réprimander, sans être trop sévère, car cet enfant furieux, au désespoir, frappant la glace, se conduisait fort mal.

[13] « Sèche, essuie ses pleurs, en arrête le cours. » Une source tarie est une source qui a cessé de couler.

[14] « Avec douceur. »

A ce méchant enfant qui cause ton dépit?
—Oui.—Regarde à présent : tu souris, il sourit;
Tu tends vers lui les bras, il te les tend de même ;
Tu n'es plus en colère, il ne se fâche plus :
De la société tu vois ici l'emblême [15] ;
    Le bien, le mal, nous sont rendus. »

Cela est généralement vrai, et c'est une raison pour nous de faire le bien et d'éviter le mal. Ce n'est pourtant pas la raison principale. Nous devons faire le bien, quand même cela nous attirerait les plus grands maux, et nous ne devons pas faire le mal, quand même on nous offrirait les plus magnifiques récompenses.

D'ailleurs, en nous disant que, dans la société, le mal nous est rendu, Florian veut seulement constater le fait: il ne veut pas l'approuver. L'homme qui imiterait le miroir, et rendrait menace pour menace, outrage pour outrage, ne serait ni sage, ni chrétien. Vous savez au contraire que Jésus nous ordonne de rendre le bien pour le mal, de bénir ceux qui nous maudissent, de prier pour ceux qui nous maltraitent et qui nous persécutent. C'est ainsi qu'il a fait lui-même, et voilà le *miroir* que nous devons imiter.

9.

LE GRILLON. (II, 11)

Un pauvre petit grillon [1]
Caché dans l'herbe fleurie

---

[15] « Ce que tu vois ici est l'emblême, l'image, la ressemblance de ce qui se passe parmi les hommes. »
[1] Le grillon est un petit insecte assez semblable à la ci-

Regardait un papillon
Voltigeant dans la prairie.
L'insecte ailé [2] brillait des plus vives couleurs,
L'azur [3], la pourpre [4] et l'or [5] éclataient sur ses ailes ;
Jeune, beau, petit-maître [6], il court de fleurs en fleurs,
    Prenant et quittant [7] les plus belles.
« Ah ! disait le grillon, que son sort et le mien
    Sont différents ! Dame nature [8]
    Pour lui fit tout [9], et pour moi rien.
Je n'ai point de talents [10], encor moins de figure [11] ;
Nul ne prend garde à moi, l'on m'ignore ici-bas !

---

gale, et qui fait un bruit perçant, par le frottement de certaines membranes. Il y a des grillons qui habitent les prairies, les jardins ; d'autres se logent sous les foyers et dans les endroits chauds des maisons ; on les appelle familièrement des *cris-cris*.

[2] « Le papillon. »

[3] Le bleu céleste.

[4] Le rouge vif ou le rouge violet.

[5] « Une couleur semblable à celle de l'or brillait sur ses ailes. »

[6] On appelait ainsi autrefois de jeunes hommes qui se paraient avec une grande recherche, et qui avaient beaucoup de vanité.

[7] « Il se posait sur les plus belles et les quittait bientôt. »

[8] Expression badine, pour « la nature ».

[9] « Fit tout pour lui ; elle lui donna tout. »

[10] Quels sont donc les talents du papillon ? Le grillon est émerveillé de le voir voltiger ; il en est jaloux.

[11] Il a la figure d'un grillon ! Chaque animal est bien dans son espèce ; chacun doit être content de la part que la nature lui a faite. — Après avoir dit : *Je n'ai point de talents*, il ajoute : *encor moins de figure.* « Mais, direz-vous peut-être, y a-t-il quelque chose au-dessous de rien ? » — *Encor* pour « encore ». Orthographe permise aux poètes.

Autant vaudrait n'exister pas[12]. »
Comme il parlait[13], dans la prairie
Arrive une troupe d'enfants.
Aussitôt les voilà courants
Après ce papillon, dont ils ont tous envie.
Chapeaux, mouchoirs, bonnets, servent à l'attraper.
L'insecte vainement cherche à leur échapper ;
    Il devient bientôt leur conquête[14].
L'un le saisit par l'aile, un autre par le corps ;
Un troisième survient et le prend par la tête :
    Il ne fallait pas tant d'efforts
    Pour déchirer la pauvre bête[15].
« Oh ! oh ![16] dit le grillon, je ne suis plus fâché[17] ;
Il en coûte trop cher pour briller dans le monde.
Combien je vais aimer ma retraite profonde !
    Pour vivre heureux, vivons caché. »

Pour vivre heureux, vivons caché ! Que cela est vrai ! Mille exemples le prouvent, et tous les jours nous en voyons de nouveaux. Enfants des laboureurs et des artisans, n'enviez pas les enfants des princes. Votre vie

---

[12] « Ne pas exister. » Comme si nous devions *être* seulement pour *paraître* ! C'est la pensée de la plus folle vanité. Oublions-nous que Dieu nous voit ? C'est devant lui que nous devons tâcher d'*être* ce qu'il veut que nous soyons ; c'est en lui seul que nous devrions chercher la gloire.

[13] « Au moment qu'il parlait. »

[14] « Leur proie. »

[15] Elle fut donc déchirée, et peut-être les débris tombèrent-ils dans l'herbe fleurie, où le grillon se tenait blotti.

[16] Le grillon fait un retour fort sage sur lui-même ; mais à l'exclamation, par laquelle il se félicite, on aurait voulu qu'il joignît un mot de pitié pour le pauvre papillon.

[17] « Je n'ai plus de regrets. »

s'écoulera paisible dans le lieu qui vous a vus naître ;
vous ne connaîtrez pas les souffrances de l'exil. Il n'y
a qu'une chose qui doive engager l'honnête homme à
sortir de sa retraite obscure, c'est le devoir. A son ap-
pel, vous renoncerez à vos penchants les plus décidés ;
et, s'il veut que vous paraissiez sur la scène du monde,
vous en affronterez courageusement tous les périls. Celui qui refuserait alors cette épreuve pénible, et qui
voudrait « vivre caché afin de vivre heureux » ne serait plus qu'un homme égoïste et sans courage.

10.

LE CHATEAU DE CARTES. (II, 12)

Un bon mari, sa femme et deux jolis enfants,
Coulaient en paix leurs jours [1] dans le simple ermitage [2]
Où, paisibles comme eux, vécurent leurs parents.
Ces époux, partageant les doux soins du ménage,
Cultivaient leur jardin, recueillaient leurs moissons ;
Et le soir, dans l'été, soupant sous le feuillage [3],
   Dans l'hiver devant leurs tisons [4],

1 Expression poétique; « passaient leur vie en paix. »
2 Proprement la demeure d'un ermite, d'un solitaire ; de
là on appelle quelquefois *ermitage* une maison isolée, une
campagne, où une famille vit dans la retraite.
3 Sous une treille, un berceau peut-être, devant leur
maison.
4 Bois mis au feu, et déjà brûlé en partie. Ils soupaient
donc au coin du feu. Toute cette description est charmante,
et présente le tableau le plus attrayant du bonheur au sein
de la famille. La famille ! C'est la société première, que
Dieu même a instituée, et que rien ne détruira jamais. Elle
aura toujours vos affections les plus tendres ; vous compren-
drez que c'est en faisant fleurir ces sociétés privées qu'on

Ils prêchaient [5] à leurs fils la vertu, la sagesse,
Leur parlaient du bonheur qu'ils procurent [6] toujours ;
Le père par un conte égayait ses discours [7],
    La mère par une caresse.
L'aîné de ces enfants, né gravé, studieux [8],
    Lisait et méditait [9] sans cesse ;
Le cadet, vif, léger, mais plein de gentillesse,
Sautait, riait toujours, ne se plaisait qu'aux jeux [10].
Un soir, selon l'usage [11], à côté de leur père,
Assis près d'une table où s'appuyait la mère,
L'aîné lisait Rollin [12] ; le cadet, peu soigneux [13]

---

assure le bonheur de la société publique. Pour être bons citoyens, vous serez d'abord bons frères, bons fils, bons parents.

[5] « Ils recommandaient. »

[6] *Ils procurent* : la grammaire voudrait *elles procurent*, puisqu'il s'agit des *vertus* et de la *sagesse*, substantifs féminins.

[7] « Pour rendre ses discours plus agréables, plus gais, le père y mêlait un conte, un récit fait à plaisir. »

[8] « Naturellement grave et ami de l'étude. »

[9] « Réfléchissait » sans doute sur ce qu'il avait lu.

[10] Ce qui n'est excusable que dans la première enfance. Au reste cet enfant avait du moins le mérite de persévérer dans ses entreprises, quand il était au jeu. Nous allons voir avec quelle constance il travaille à bâtir un château de cartes. Beaucoup d'enfants sont bien plus légers que lui, et se rebutent, même en jouant, par le premier obstacle. C'est le signe fâcheux d'une grande inconstance.

[11] « Suivant leur habitude. »

[12] Écrivain sage et pur, qui fut recteur de l'Université, il y a plus de cent ans. Il nous a laissé une *Histoire ancienne* et une *Histoire romaine* très-estimées, et un *Traité des études* qui est encore plus remarquable. L'enfant lisait donc l'histoire romaine de Rollin.

[13] « Peu curieux. »

D'apprendre les hauts faits [14] des Romains ou des Parthes [15],
Employait tout son art [16], toutes ses facultés [17],
A joindre, à soutenir par les quatre côtés
    Un fragile [18] château de cartes.
Il n'en respirait pas [19] d'attention, de peur [20].
    Tout-à-coup voici le lecteur

---

[14] « Les exploits guerriers, les grandes actions. ».

[15] Les Romains furent la nation la plus puissante de l'antiquité. Leur Etat se borna d'abord à la ville de Rome et à sa banlieue, et finit par s'étendre sur toutes les côtes de la Méditerranée ; il touchait vers le nord à la Calédonie (l'Ecosse), vers le sud aux déserts de l'Afrique, et s'étendait, d'occident en orient, de l'océan Atlantique au fleuve de l'Euphrate. Il n'y eut jamais d'empire aussi considérable.

Les Parthes habitaient le pays aujourd'hui nommé la Perse. Ils soutinrent la guerre contre les Romains, dès le premier siècle avant Jésus-Christ, et ne furent jamais soumis.

[16] « Toute son habileté. »

[17] Nos facultés sont les forces de notre esprit. L'attention, la mémoire, l'imagination, sont au nombre de nos facultés.

[18] Faible, peu solide, qui se brise ou qui tombe facilement.

[19] Car il aurait suffi de souffler sur ce château pour le faire écrouler. Les châteaux de pierre nous paraissent bien plus forts ; et pourtant il n'en est pas un qui résiste au *souffle* du temps. A peine en reste-t-il quelques ruines, au bout d'un petit nombre de siècles. Parfois même il suffit d'un accident imprévu pour détruire soudainement ces imposants édifices. Qu'il survienne un tremblement de terre, une inondation, un incendie, une guerre, une révolution, et l'ouvrage de longues années périt en un moment. Ce que nous disons des châteaux, il faut le dire de la puissance de ceux qui les habitent; elle passe comme une ombre, pour enseigner aux hommes leur faiblesse, et les avertir que Dieu seul est éternel.

[20] « De la peur qu'il avait que le château ne s'écroulât avant d'être complétement achevé. »

Qui s'interrompt[21] : « Papa, dit-il, daignez m'instruire[22]
Pourquoi certains guerriers sont nommés conquérants,
    Et d'autres fondateurs d'empire[23] :
    Ces deux noms sont-ils différents[24] ? »
Le père méditait une réponse sage[25],
Lorsque son fils cadet, transporté de plaisir[26],
Après tant de travail, d'avoir pu parvenir
    A placer son second étage[27],

---

[21] « Le frère, qui lisait, » interrompt tout-à-coup sa lecture pour faire une question à son père.

[22] *Daignez m'instruire pourquoi* n'est pas une expression correcte ; il fallait, par exemple, « daignez m'apprendre pourquoi, etc. »

[23] Les *conquérants* sont des guerriers qui font de grandes *conquêtes*, à la tête de puissantes armées. Cela ne va pas sans beaucoup de carnage et de ruines. Alexandre, Jules César, Charles XII, Napoléon, furent des conquérants. Les guerriers *fondateurs d'empire* sont ceux qui se servent de leur puissance militaire pour *fonder* des sociétés civiles, sous le nom d'empires, de royaumes, de républiques. Alexandre avait fondé l'empire macédonien, Napoléon l'empire français. Ainsi le même homme peut être successivement *conquérant*, c'est-à-dire destructeur d'États, et *fondateur*, c'est-à-dire créateur d'une société nouvelle.

Cependant la réponse du père, qu'on va lire, la distinction qu'il fait, est juste et sage ; car certains conquérants n'ont été que dévastateurs ; ils ont ravagé la terre, et n'ont rien fondé ; et, d'un autre côté, on a vu de grands hommes fonder paisiblement des empires, sans le secours des armes, et par exemple, au moyen de la colonisation.

[24] « Ont-ils une signification différente ? »

[25] « Il réfléchissait un moment, afin de faire une réponse sage. »

[26] « Hors de lui-même, ne se possédant plus de plaisir. »

[27] « Le second étage de son château, » bien plus difficile à placer que le premier, puisque la base en était plus fragile.

S'écrie : « Il est fini[28] ! » Son frère, murmurant,
Se fâche[29], et d'un seul coup détruit son long ouvrage :
    Et voilà le cadet pleurant.
    « Mon fils, répond alors le père,
    Le fondateur, c'est votre frère,
    Et vous êtes le conquérant[30]. »

Vous apprenez à distinguer ici deux ordres de personnages qui méritent l'attention des hommes, mais qui ne doivent pas leur inspirer les mêmes sentiments. Les fondateurs d'empires sont des génies bienfaisants que Dieu nous envoie dans son amour ; les conquérants sont des fléaux qu'il suscite dans sa colère.

Mais ce qui est encore plus intéressant pour vous dans cette fable, c'est l'exemple qu'elle vous donne dans la personne de ce frère qui s'est laissé entraîner par une colère impatiente. Mouvement coupable, auquel les hommes cèdent trop souvent ! S'il vous arrivait

---

[28] « Le château est achevé. »

[29] Le fils aîné avait les yeux fixés sur son père, et il attendait avec une curiosité sérieuse la réponse souhaitée : le cri de son frère excite son impatience, et il se rend coupable d'un emportement honteux. L'étude est une fort belle chose ; mais si elle ne rend pas l'homme meilleur, elle perd à nos yeux son premier mérite.

[30] Quoique cette réponse soit vive et intéressante, on ne peut s'empêcher de dire que le frère qui renverse par humeur le château de cartes n'offre pas une image parfaitement juste du conquérant. D'ordinaire le conquérant envahit des États non pour les détruire, mais pour s'en emparer. La destruction n'est pas son but ; c'est un moyen pour arriver à la domination. Or le frère aîné n'a nullement songé à s'approprier le château du cadet ; s'il est permis de comparer les petites choses aux grandes, on dira qu'en détruisant ce frêle édifice, le frère aîné agit plutôt en despote irrité qu'en faiseur de conquêtes.

d'être ainsi tentés par la colère, réprimez votre emportement avant qu'il éclate, et rappelez-vous à propos le Château de cartes.

11.

LE DANSEUR DE CORDE ET LE BALANCIER.
(II, 16)

Sur la corde tendue un jeune voltigeur[1]
Apprenait à danser ; et déjà son adresse,
  Ses tours de force, de souplesse,
  Faisaient venir maint spectateur[2].
Sur son étroit chemin[3] on le voit qui s'avance,
Le balancier en main, l'air libre[4], le corps droit,
  Hardi, léger autant qu'adroit.
Il s'élève, descend, va, vient, plus haut s'élance,
  Retombe, remonte en cadence[5],
  Et, semblable à certains oiseaux[6]
Qui rasent en volant la surface des eaux[7],
  Son pied touche sans qu'on le voie

---

[1] *Voltiger* signifie, dans cet endroit, faire sur la corde des tours de force et de souplesse. On voltige aussi sur la corde lâche, et c'est encore plus difficile.

[2] « Attiraient plusieurs spectateurs. »

[3] *L'étroit chemin* c'est la corde.

[4] « L'air aisé ; » il paraît marcher aussi librement que sur la terre.

[5] Ordinairement au son d'une musique dont il suit la mesure.

[6] Par exemple, les mouettes, les hirondelles de mer, et beaucoup d'autres oiseaux de rivage.

[7] « Qui volent à fleur d'eau. »

2.

A la corde qui plie, et dans l'air le renvoie[8].
Notre jeune danseur, tout fier de son talent,
Dit un jour : « A quoi bon ce balancier pesant[9]
       Qui me fatigue et m'embarrasse?
Si je dansais sans lui, j'aurais bien plus de grâce,
       De force et de légèreté. »
Aussitôt fait que dit. Le balancier jeté[10],
Notre étourdi[11] chancelle[12], étend les bras[13] et tombe,

---

[8] Avez-vous remarqué comme dans tout ce morceau le langage *imite* l'objet décrit? C'est ce qu'on appelle l'*harmonie imitative*. Quand on lit cette description, on croit voir le danseur marcher sur la corde, s'élancer, descendre, remonter ; tous les mouvements du style imitent ceux du voltigeur.

[9] Si vous avez vu des danseurs de corde, vous aurez remarqué qu'ils portent presque toujours en dansant une assez longue perche qu'on appelle *balancier*. Elle les aide à garder leur équilibre. Quand ils se sentent emportés d'un côté par leur poids, ils inclinent leur corps et le balancier de l'autre côté, et reprennent leur aplomb. A défaut de balancier, les bras font assez bien cet effet, et ils ont été disposés pour cela par la nature. Ils suffisent dans les positions où l'homme se trouve d'ordinaire; mais le voltigeur sur la corde est bien plus exposé aux chutes : il a besoin d'un secours extraordinaire.

On s'étonne que ce danseur, tout jeune qu'il est, puisse dire : « A quoi bon ce balancier? » Dès la première fois qu'il a marché sur la corde, il a dû reconnaître l'utilité de l'instrument qu'il dédaigne.

[10] « Quand il eut jeté le balancier. »

[11] « Cet étourdi. » On l'appelle *notre* étourdi, parce qu'il nous a déjà occupés, et qu'il doit nous intéresser. Nous avons rencontré plus d'une fois dans les fables cet emploi du déterminatif possessif.

[12] « Il ne se tient plus ferme sur les pieds, il penche de côté et d'autre. »

[13] C'est un mouvement d'instinct, quand une personne s'aperçoit qu'elle va faire une chute.

Il se casse le nez, et tout le monde en rit[14].

Jeunes gens, jeunes gens, ne vous a-t-on pas dit
Que, sans règle et sans frein, tôt ou tard on succombe[15]?
La vertu, la raison, les lois, l'autorité,
Dans vos désirs fougueux[16] vous causent quelque peine;
    C'est le balancier qui vous gêne,
    Mais qui fait votre sûreté.

Cette leçon de prudence et de modération est bonne
pour tous les âges ; car les hommes faits, et même les
vieillards, se laissent souvent entraîner par les passions, comme l'enfance et la jeunesse. A cet égard, il
y a peu d'hommes qui aient le droit de censurer leurs
semblables. Qui n'a fait quelques chutes, pour avoir
dédaigné le balancier? Mais c'est précisément le souvenir de ces tristes expériences qui nous porte à dire aux
jeunes gens : « Soyez plus prudents que vos pères,
afin d'être plus heureux. »

12.

LE LINOT[1]. (II, 22)

Une linotte avait un fils

---

[14] Ce monde était donc bien méchant, et bien différent de
celui que nous avons vu dans des occasions pareilles ; chacun s'empressait de porter secours au blessé, et personne
ne riait, je vous l'assure.

[15] « On périt, » ou du moins on souffre beaucoup, quand
on ne veut accepter aucune règle, aucune contrainte ; quand
on ne se laisse pas arrêter par les conseils et les lois, comme
un cheval s'arrête, quand on serre le frein.

[16] « Impétueux, violents. » On appelle *fougueux* un cheval
sujet à s'emporter, à se cabrer.

[1] C'est le mâle de la linotte, petit oiseau qui chante agréa-
blement, et dont le plumage est gris.

Qu'elle adorait, suivant l'usage [2] ;
C'était l'unique fruit du plus doux mariage [3],
Et le plus beau linot qui fût dans le pays.
Sa mère en était folle, et tous les témoignages
Que peuvent inventer la tendresse et l'amour
Étaient pour cet enfant épuisés chaque jour [4].
Notre jeune linot, fier de ces avantages [5],
Se croyait un phénix [6], prenait l'air suffisant [7],
          Tranchait du petit important [8]
          Avec les oiseaux de son âge ;
Persiflait la mésange ou bien le roitelet [9],

---

[2] Le poëte exagère un peu, en disant *suivant l'usage*. Quelques mères sont, il est vrai, des idoles de leurs enfants, et les adorent en quelque sorte ; mais la plupart sont moins faibles, quoique fort tendres, et c'est heureux pour les enfants.

[3] « C'était son unique enfant. »

[4] « *Elle épuisait pour lui tous les témoignages de la tendresse et de l'amour*, c'est-à-dire « qu'elle témoignait, qu'elle exprimait sa tendresse et son amour à cet enfant de toutes les manières imaginables ».

[5] *Fier de ses avantages.* « Assuré de l'appui de sa mère, persuadé qu'il possédait réellement toutes les qualités qu'elle croyait voir en lui, et qu'elle vantait avec une imprudente et coupable flatterie. »

[6] Oiseau merveilleux, qui n'a jamais existé, et sur lequel les anciens contaient des prodiges. Il n'y en avait qu'un seul au monde, disaient-ils : de là le mot de *Phénix* a été employé souvent pour désigner ce qu'il y a de plus rare, de plus excellent.

[7] « L'air orgueilleux et fat, l'air d'une personne parfaitement contente d'elle-même, et qui se croit propre à tout. »

[8] « Faisait le petit important. » *Un petit important* est un petit personnage sans mérite, qui veut qu'on le croie capable de grandes choses.

[9] « Se moquait malicieusement de la mésange. » La mésange et le roitelet vous sont connus peut-être. Il y a dans nos climats plusieurs sortes de mésanges ; elles sont fort

Donnait à chacun son paquet [10],
Et se faisait haïr de tout le voisinage.
Sa mère lui disait: « Mon cher fils, sois plus sage,
Plus modeste surtout. Hélas ! je conçois bien
Les dons, les qualités qui furent ton partage [11];
  Mais feignons [12] de n'en savoir rien,
  Pour qu'on les aime davantage [13]. »
  A tout cela notre linot
  Répondait par quelque bon mot [14].
La mère en gémissait dans le fond de son âme.
  Un vieux merle [15], ami de la dame,
Lui dit : « Laissez aller votre fils au grand bois [16],

---

vives, font souvent leurs nids dans les trous des arbres, et
volent pendant l'hiver autour des maisons. Le roitelet est le
plus petit oiseau de notre pays ; il est mignon, de couleur
brune, avec la queue un peu relevée. On le voit voltiger le
long des haies et des buissons ; c'est pourquoi les Allemands
l'appellent le *roi des haies.*

[10] « Faisait à chacun quelque mauvais compliment ; dis-
tribuait à chacun sa part de moqueries. »

[11] « Je vois bien, je connais bien les avantages, les mé-
rites que la nature t'a accordés. » *Je conçois bien les dons,*
etc., n'est pas très-correct.

[12] « Faisons semblant. »

[13] En effet les plus belles qualités, sans la modestie, ne
sont pas aimables ; avec l'orgueil, elles peuvent même exciter la haine.

[14] « Quelque plaisanterie ; » comme si les discours de la
linotte n'avaient été que des chansons. Le linot n'épargnait
pas même sa mère, et lui *donnait aussi son paquet.*

[15] Le merle passe, chez les fabulistes, pour un oiseau très-
rusé ; il est souvent l'emblème de la sagesse fine et pré-
voyante. Le proverbe ne dit-il pas d'ailleurs *fin comme un
merle?* Au reste les chasseurs savent qu'il se tient fort sur
ses gardes, et qu'il se laisse approcher difficilement.

[16] Le grand bois, pour le linot, c'est le monde pour le
jeune homme. Tout ce qui suit doit s'entendre ainsi, et

Je vous réponds qu'avant un mois
Il sera sans défauts [17]. » Vous jugez des alarmes
De la mère, qui pleure et frémit du danger [18] ;
Mais le jeune linot brûlait [19] de voyager :
    Il partit donc malgré ses larmes.
    A peine est-il dans la forêt,
    Que notre petit personnage [20]
    Du pivert [21] entend le ramage,
    Et se moque de son fausset [22].

---

peint avec beaucoup de vivacité et d'agrément les disgrâces qui attendent les jeunes gens dans la société, s'ils n'y sont pas plus sages que le linot dans le grand bois.

[17] C'est promettre beaucoup : mais il est bien sûr que l'école du monde peut enseigner beaucoup de choses utiles, et qu'elle est surtout nécessaire aux enfants gâtés. Toutefois cette école est périlleuse de plusieurs façons, et il vaut mille fois mieux que les parents corrigent eux-mêmes leurs enfants, sans compter pour cela sur l'expérience du monde, qui coûte souvent fort cher.

[18] Mère imprévoyante ! Elle connaissait ce danger ; elle savait que tôt ou tard elle devrait se séparer de son fils, et ne pourrait pas le garder toujours *sous son aile :* pourquoi donc ne l'avoir pas mieux préparé ?

[19] « Avait un désir ardent. »

[20] Comme plus haut « le petit important ».

[21] Le pivert est un fort bel oiseau, un peu plus gros que le merle ; son nom lui vient de ce qu'une partie de son plumage est vert. On écrivait d'abord le *pic-vert*, comme on écrit le *pic-noir*. Le pivert grimpe le long des troncs et des branches des arbres, en frappant de son bec, pour découvrir les endroits creux, où sont logés les insectes dont il se nourrit. Ces coups de bec font assez de bruit, et l'on entend souvent le pivert avant de le voir. Il vole lourdement, par une suite d'élans, s'abaissant et se relevant tour à tour. Il a un chant assez fort, mais peu agréable et peu varié.

[22] On appelle, chez les hommes, *voix de fausset*, une voix aiguë qui semble partir de la tête et non de la poitrine. Elle est le plus souvent criarde, de là ce nom de *fausset* par lequel on la désigne. Le cri du pivert la rappelle assez bien.

Le pivert, qui prit mal cette plaisanterie [23],
Vient à bons coups de bec [24] plumer le persifleur,
     Et, deux jours après, une pie [25]
Le dégoûte à jamais du métier de railleur [26].
Il lui restait encor la vanité secrète
     De se croire excellent chanteur [27] ;
     Le rossignol et la fauvette
     Le guérirent de son erreur [28].
     Bref [29], il retourna chez sa mère,
     Doux, poli, modeste et charmant

Ainsi l'adversité [30] fit, dans un seul moment [31],
Ce que tant de leçons n'avaient jamais pu faire.

    Cette fable ne s'adresse pas moins aux parents qu'aux

---

[23] « Qui se fâcha de cette plaisanterie, qui ne la reçut pas bien. »

[24] « A grands coups de bec. »

[25] Qui avait été à son tour l'objet des moqueries du linot.

[26] « Elle lui apprend, par un châtiment exemplaire, que c'est un mauvais métier, une habitude funeste de railler et de médire. » Il y renonça donc pour jamais.

[27] Le linot était corrigé pour le dehors ; il n'osait plus railler les autres, mais il n'avait pas encore perdu la haute opinion qu'il avait de lui-même ; son cœur n'était pas encore changé, et, sans oser se vanter comme autrefois, il ne s'en croyait pas moins un chanteur excellent.

[28] En chantant eux-mêmes. Le linot sut du moins reconnaître leur supériorité. En effet la fauvette, et surtout le rossignol, chantent bien mieux que lui.

[29] « Pour abréger, pour tout dire en peu de mots. »

[30] « Le malheur, les traverses. »

[31] *Un moment* signifie en cet endroit « un temps fort court », et certes, pour une œuvre aussi grande que la correction d'un mauvais caractère, quelques jours, on peut le dire, ne sont qu'un moment.

enfants ; car si le linot manqua de sagesse, et s'il en fut durement puni, la mère fut plus coupable encore de l'avoir si mal élevé. Elle avait fait, il est vrai, beaucoup de leçons à son fils, mais en paroles seulement, et sans y mettre la fermeté nécessaire ; sans employer, comme la nature le permet et l'ordonne, l'autorité, et, dans le besoin, la contrainte.

Ne craignons pas de le dire, nous vivons dans un temps où, plus que jamais, *les enfants gâtés* auront à souffrir au milieu du monde. Les idées d'égalité naturelle, et, par conséquent, de justice, prévalent chaque jour davantage. Nous ne devons pas espérer qu'on nous accorde plus que nos droits, qu'on nous cède plus que la place dont nous serons jugés dignes par notre mérite. Il ne fut jamais honorable de prétendre à des faveurs ; aujourd'hui ce serait folie. Soyons modestes ; n'empiétons sur les droits de personne, pour obtenir qu'on respecte les nôtres. Malheur aux petits importants et aux persifleurs ! Le grand bois manquerait aujourd'hui moins que jamais de piverts et de pies pour les châtier à bons coups de bec.

13.

L'INONDATION. (III, 2)

Des laboureurs vivaient paisibles et contents
    Dans un riche et nombreux[1] village ;
Dès l'aurore ils allaient travailler à leurs champs,
    Le soir ils revenaient chantants
    Au sein d'un tranquille ménage[2],
    Et la nature bonne et sage,

[1] « Populeux. »
[2] « Dans leur paisible famille. »

our prix de leurs travaux, leur donnait tous les ans,
    De beaux blés et de beaux enfants[3].
ais il faut bien souffrir, c'est notre destinée[4].
        Or'il arriva qu'une année,
    Dans le mois où le blond Phébus[5]
'en va faire visite au brûlant Sirius[6],
        La terre, de sucs épuisée[7],
    Ouvrant de toutes parts son sein[8],

---

[3] « Des enfants sains et bien constitués, » vraie richesse
our le cultivateur; ce sont des ouvriers nouveaux pour les
oissons futures.

[4] Non-seulement c'est notre destinée, mais c'est notre
vantage. L'homme n'acquiert toute sa valeur que par la
souffrance. Il deviendrait lâche, méprisable, et, de plus, mi-
sérable, s'il passait sa vie au milieu de continuelles délices.
Dieu, dit l'apôtre, *nous châtie autant qu'il est utile pour
nous rendre participants de sa sainteté.*

[5] Un des noms du dieu qui, selon les Grecs, conduisait le
char du soleil. On l'appelait aussi Apollon. On le représentait
sous les traits d'un beau jeune homme, avec une chevelure
blonde. Ici *Phébus* est mis pour « le soleil ».

[6] Etoile de la constellation appelée la *canicule* ou le
grand chien. Sirius est la plus brillante des étoiles fixes. La
canicule se lève et se couche en même temps que le soleil, pendant une partie des mois de juillet et d'août. Le
blond Phébus semble donc alors *faire visite à Sirius,* et
l'on dit que Sirius est *brûlant,* parce qu'on lui attribue les
chaleurs qui règnent alors dans nos climats. Cependant la
constellation de la canicule n'en est point la cause ; elle est
beaucoup trop éloignée de la terre, pour lui communiquer
la moindre chaleur. Toutes les étoiles du ciel réunies ne
produisent pas sur nos thermomètres le plus petit effet. Si
nous avons plus chaud pendant les jours caniculaires, cela
tient uniquement à la position de la terre par rapport au soleil, à cette époque de l'année.

[7] « Epuisée de sucs », c'est-à-dire d'humidité.

[8] La terre se crevasse souvent par la sécheresse.

Haletait[9] sous un ciel d'airain [10].
Point de pluie et point de rosée [11].
Sur un sol [12] crevassé [13] l'on voit noircir le grain [14];
Les épis sont brûlés [15], et leurs têtes [16] penchées
    Tombent sur leurs tiges séchées [17].
    On trembla de mourir de faim;
La commune s'assemble. En hâte on délibère,

---

[9] On compare ici la terre à un être animé, et, comme nous voyons souvent les quadrupèdes *haleter*, c'est-à-dire respirer péniblement et avec agitation, par l'effet de la haute température, le poëte dit que la même cause rend la terre *haletante*.

[10] L'*airain* s'appelle plus communément le *cuivre*. Or vous savez que le cuivre est rougeâtre, et vous avez observé sans doute que, pendant les grandes ardeurs de l'été, le ciel est parfois de cette couleur. C'est ce que le poëte veut dire; car vous entendez bien que le ciel n'est pas plus d'airain que de cristal, quoiqu'on dise quelquefois *un ciel de cristal*, pour en exprimer la grande transparence.

[11] Phrase elliptique, pour « Il n'y avait point de pluie, » etc.

[12] Terrain.

[13] Voyez plus haut la note 8.

[14] Florian ne se montre pas très-fidèle observateur de la nature, quand il dit que la grande chaleur fait *noircir* le grain. Elle en hâte la maturité; les champs jaunissent plus tôt que de coutume; mais, pour noircir, il faudrait que le grain fût littéralement brûlé, et cela supposerait une chaleur si forte que nul être vivant n'y résisterait; nous serions tous morts, quand les blés seraient noirs. Ils sont, il est vrai, sujets à une maladie, nommée la *nielle*, qui convertit l'épi en une poussière noire ; mais cette maladie provient d'autres causes que la chaleur.

[15] « Desséchés, mûrs avant le temps. »

[16] Les têtes du blé sont les épis eux-mêmes, qu'on peut se représenter comme les têtes de la plante.

[17] Parce que la maturité avait été trop précoce, et les épis mal nourris. C'est ce qui arriva dans plusieurs pays, et notamment en France, en l'année 1846.

Et chacun, comme à l'ordinaire,
Parle beaucoup et rien ne dit[18].
Enfin quelques vieillards, gens de sens et d'esprit,
Proposèrent un parti sage [19] :
« Mes amis, dirent-ils, d'ici vous pouvez voir
Ce mont peu distant [20] du village ;
Là se trouve un grand lac [21], immense réservoir
Des souterraines eaux qui s'y font un passage.
Allez saigner [22] ce lac ; mais sachez ménager
Un petit nombre de saignées [23],
Afin qu'à votre gré vous puissiez diriger [24]
Ces bienfaisantes eaux dans vos terres baignées.
Juste quand il faudra nous les arrêterons[25].

---

[18] « Et ne dit rien, » c'est-à-dire, « rien d'utile, de sensé. »
Trait de satire. Il est assez fréquent d'entendre dans les as-
semblées des bavards qui disent des riens en beaucoup de
paroles.

[19] Il est vrai, et il le sera toujours, que les plus expéri-
mentés sont les plus sages. Ne soyons donc pas surpris que
le bon conseil soit donné par les vieillards.

[20] « Peu éloigné. »

[21] Un grand lac sur un mont ! Cela vous étonne peut-
être : et pourtant rien de plus naturel, si ce mont était lui-
même dominé par d'autres montagnes, d'où les eaux pouvaient s'écouler par des canaux souterrains ou des ruisseaux,
et former dans un espace creux un vaste réservoir, un lac.

[22] *Saigner* un lac, un étang, un réservoir, c'est faire sur
les bords une ou plusieurs ouvertures, par lesquelles l'eau
peut s'écouler pour arroser les terres plus basses du voisinage. Cela s'appelle *saigner*, par ressemblance avec l'ouverture qu'un chirurgien fait, au moyen de la lancette, au bras
ou au pied d'une personne, pour lui tirer du sang.

[23] « Sachez vous borner à ne faire qu'un petit nombre de
saignées ; allez-y avec ménagement. »

[24] « Afin que vous puissiez diriger à votre gré, selon votre
volonté. »

[25] Après avoir donné un premier avis, les vieillards en

Prenez bien garde au moins.—Oui, oui, courons, courons,
    S'écrie aussitôt l'assemblée. »
      Et voilà mille jeunes gens
Armés d'hoyaux [26], de pics [27] et d'autres instruments,
Qui volent vers le lac ; la terre est travaillée [28]
Tout autour de ses bords ; on perce cent endroits
      A la fois ;
D'un morceau de terrain chaque ouvrier se charge :
    « Courage ! allons ! point de repos !
L'ouverture jamais ne peut être assez large. »
Cela fut bientôt fait. Avant la nuit, les eaux,
Tombant de tout leur poids sur leur digue [29] affaiblie,
    De partout roulent à grands flots.
Transports et compliments de la troupe ébahie [30],
    Qui s'admire dans ses travaux [31].
Le lendemain matin ce ne fut pas de même [32] :

---

donnent un second ; ils ont conseillé l'*usage* d'un bon moyen : ils en défendent l'*abus*.

[26] Il aurait fallu : « *de* hoyaux, » parceque l'*h* est aspiré. Un hoyau est un outil à deux fourchons, dont on se sert pour fouir la terre.

[27] Instrument de fer courbé et pointu vers le bout, qui a un manche de bois, et dont on se sert pour casser des morceaux de rocher et pour ouvrir la terre.

[28] « Béchée, fouie, remuée. »

[29] Amas de terre pour servir de rempart contre les eaux d'un canal, d'une rivière, d'un lac ou même de la mer. La digue peut être de pierre, de bois, de sable et de toutes ces choses à la fois.

[30] « Les jeunes hommes qui forment cette troupe ébahie, étonnée, se livrent à des transports de joie ; ils s'adressent des compliments, des félicitations les uns aux autres. »

[31] Un homme qui regarde avec un sentiment de vanité l'ouvrage qu'il a fait, s'admire en effet lui-même, en admirant son ouvrage.

[32] « Les sentiments de la troupe furent bien différents. »

On voit flotter les blés sur un océan d'eau[33] ;
Pour sortir du village il faut prendre un bateau ;
Tout est perdu, noyé. La douleur est extrême,
On s'en prend aux vieillards[34] : « C'est vous leur disait-on,
       Qui nous coûtez notre moisson[35] ;
Votre maudit conseil.....—Il était salutaire,
Répondit un d'entre eux ; mais ce qu'on vient de faire
Est fort loin du conseil [36] comme de la raison ;
Nous voulions un peu d'eau, vous nous lâchez la bonde[37],
L'excès d'un très-grand bien devient un mal très-grand ;
       Le sage arrose doucement,
       L'insensé tout de suite inonde. »

Il est impossible de ne pas appliquer cette fable aux
circonstances où se trouvent, dans notre siècle, les sociétés civiles. Les champs de ces villageois, c'est le
monde ; l'eau du lac, c'est la liberté, qui doit le féconder
der et nous rendre heureux. Usons, n'abusons pas ; ré-
pandons largement les flots bienfaisants dans la campagne, mais ne la noyons pas, C'est à vous, jeunes
gens, de sauver la terre d'un déluge qui serait presque

---

[33] « Océan d'eau, » pléonasme, c'est-à-dire expression sur-
abondante. Est-il plus permis de dire un *océan d'eau*
qu'un *incendie de feu ?*

[34] « On accuse les vieillards de ce malheur. »

[35] « C'est à cause de vous que nous perdons notre mois-
son. »

[36] « Du conseil, tel que nous l'avions donné. »

[37] Pièce de bois qui, selon qu'on la hausse ou qu'on la
baisse, sert à lâcher ou à retenir l'eau d'un étang. Ici l'expression est au-dessous de ce que le poète veut faire entendre. Ces jeunes gens ont fait bien plus que de lâcher la
bonde, ils ont vidé le lac tout d'un coup. Ce n'est plus un
arrosement, c'est une inondation.

aussi funeste que celui de Noë. Il semble que Florian ait composé cet apologue pour les hommes d'aujourd'hui. Ce qu'il a dit paraîtra toujours sage :

« L'excès d'un très-grand bien devient un mal très-grand. »

14.

LE ROI ALPHONSE (III, 9.)

Certain roi qui régnait sur les rives du Tage[1],
    Et que l'on surnomma *le Sage*[2],
    Non parce qu'il était prudent,
    Mais parce qu'il était savant[3],
Alphonse, fut surtout un habile astronome[4].
Il connaissait le ciel bien mieux que son royaume[5],

---

[1] Fleuve qui a sa source en Espagne et son embouchure en Portugal, dans l'Océan Atlantique. *Régner sur les rives du Tage* peut donc signifier « régner en Espagne ou en Portugal. » Alphonse X, surnommé *le Sage*, fut roi de Léon et de Castille de 1252 à 1282. C'était le prince le plus instruit de son temps, mais il ne sut pas régner. Il fut détrôné par son fils, et mourut de chagrin à Séville, en 1284.

[2] Beaucoup de rois ont eu des surnoms. L'histoire de France en offre plusieurs exemples. Vous y trouverez aussi un Charles *le sage*, qui mérita mieux qu'Alphonse cette dénomination. Par son habile politique et sa prudente persévérance, il chassa presque entièrement de son royaume les Anglais, qui en possédaient alors plusieurs provinces.

[3] Ce qui est beaucoup moins important pour un roi, et, en général, pour les chefs d'un empire ou d'une république.

[4] L'astronomie est la science du cours et de la position des astres. On comprend d'abord qu'elle n'est pas aussi utile aux rois que le serait, par exemple, l'histoire.

[5] Ce vers est très-piquant; il est impossible de faire une critique plus vive d'un homme qui s'occupe avec soin de ce

Et quittait souvent son conseil
Pour la lune ou pour le soleil[6].
Un soir qu'il retournait à son observatoire[7],
Entouré de ses courtisans[8],
« Mes amis, disait-il, enfin j'ai lieu de croire[9]
Qu'avec mes nouveaux instruments[10]
Je verrai cette nuit des hommes dans la lune[11].

qui devrait peu l'intéresser, et qui néglige ce qui lui est indispensable.

[6] « Pour observer la lune ou le soleil. »

[7] Bâtiment construit pour *observer* les astres, à l'aide de lunettes et d'autres instruments qu'on y a placés. Il existe maintenant des observatoires dans presque toutes les capitales de l'Europe, et dans beaucoup d'autres villes. Les observations qu'on y fait rendent de grands services à la société, par exemple, pour la navigation. Mais il faut que les chefs des États laissent l'astronomie aux astronomes. Le poëte dit : *Un soir qu'il retournait*, etc., parce qu'on fait beaucoup d'observations astronomiques pendant la nuit ; mais on en fait aussi pendant le jour.

[8] Hommes qui vivent familièrement avec un roi, et qu'on voit d'ordinaire à sa *cour*. De là leur nom de *courtisans*. L'histoire nous apprend qu'ils ont souvent flatté les rois, car toute majesté, royale ou populaire, attire l'adulation ; voilà pourquoi le mot *courtisan* est devenu synonyme de flatteur, et s'est pris en mauvaise part.

[9] « Je peux croire, j'ai des raisons pour espérer. »

[10] On ne devine pas à l'aide de quels instruments le roi Alphonse, mort en 1282, aurait pu faire une pareille découverte, puisque les télescopes ne furent inventés qu'en 1607, par Galilée.

[11] Supposition qui serait absurde, même aujourd'hui. Il faudrait des télescopes grossissant plus de trente mille fois, or les plus forts ne grossissent que trois mille fois. D'ailleurs la rapidité du mouvement de la lune ferait passer de si petits objets avec une prodigieuse vitesse dans le champ du télescope, et ce serait une immense difficulté de plus. Enfin on a lieu de croire que la lune n'est pas habitée, du moins par des

—Votre majesté [12] les verra,
Répondait-on ; la chose est même trop commune,
Elle doit voir mieux que cela [13]. »
Pendant tous ces discours, un pauvre, dans la rue,
S'approche en demandant humblement, chapeau bas,
Quelques maravédis [14] : le roi ne l'entend pas,
Et, sans le regarder, son chemin continue [15].
Le pauvre suit le roi, toujours tendant la main,
Toujours renouvelant sa prière importune [16] ;
Mais, les yeux vers le ciel, le roi, pour tout refrain [17]
Répétait : « Je verrai des hommes dans la lune ! »
Enfin le pauvre le saisit
Par son manteau royal, et gravement [18] lui dit :

êtres semblables à nous, parce qu'elle n'a point d'atmosphère, c'est-à-dire point d'enveloppe d'air, pareille à celle qui entoure notre planète.

[12] C'est le titre qu'on donne aux rois, et souvent on leur parle, comme ici, à la troisième personne du singulier.

[13] C'est-à-dire des objets encore plus difficiles à voir ; peut-être des fruits, des fleurs.

[14] Petite monnaie de cuivre qui sert de monnaie de compte en Espagne, et vaut environ un centime et demi de France.

[15] « Continue son chemin. » L'inversion qui consiste à mettre avant le verbe le substantif qui lui sert de complément direct n'était plus permise au temps de Florian. C'est une vieille forme de versification qu'on trouve encore fréquemment dans les poètes du seizième siècle.

[16] « Incommode, gênante, faite mal à propos. »

[17] On appelle *refrain* les derniers mots d'un couplet de chanson, qui se répètent dans les couplets suivants. On qualifie, en conséquence, de *refrain*, les paroles et les pensées qu'un homme reproduit fréquemment dans la conversation. « Il se plaint toujours de la misère des temps : c'est là son refrain... Il parle sans cesse de ses campagnes : il n'a pas d'autre refrain. »

[18] Il avait en effet à lui rappeler une vérité fort grave.

« Ce n'est pas de là-haut, c'est des lieux où nous sommes
Que Dieu vous a fait souverain.
Regardez à vos pieds [19] ; là vous verrez des hommes,
Et des hommes [20] manquant de pain.

Ce n'est pas pour faire des leçons aux rois que nous avons placé cette fable dans notre recueil ; c'est à vous et à nous-mêmes que nous pensons, jeunes amis. Cet astrologue peut nous instruire. Le roi Alphonse avait un tort grave et commun ; c'était de s'occuper d'autre chose que de son devoir, et de perdre un temps précieux en divertissements inutiles. Et vous, mes amis, faites-vous toujours ce que vous devriez faire ? Un caprice irréfléchi, l'amour de l'indépendance, ne vous font-ils pas prendre un goût trop vif et donner une attention trop soutenue à des amusements ou à des travaux qui ne sont pas ceux de votre condition ? S'il en est ainsi, prenez pour vous la critique fine et sensée que l'on fait ici du roi Alphonse. Vous trouverez aussi dans votre cœur des *courtisans* pour vous excuser ; ce sont les passions qui nous aveuglent : imposez-leur silence, et n'écoutez que la vérité.

Mais Florian ne nous dit pas que ce pauvre fût infirme et incapable de travailler : au lieu de *tendre la main*, n'aurait-il pas mieux fait de s'occuper à quelque ouvrage ? Ne méritait-il pas aussi d'être censuré ?

[19] Le pauvre était à côté du roi, et non à ses pieds ; mais souvent on se prosternait devant les rois, surtout quand on avait à leur demander une grâce, et, par allusion à cette coutume, le pauvre a pu dire aussi figurément: *regardez à vos pieds.*

[20] La répétition du mot donne une grande énergie à la phrase.

3.

15.

LE DERVIS[1], LA CORNEILLE ET LE FAUCON.
(III, 11.)

Un de ces pieux solitaires[2]
Qui, détachant leur cœur des choses d'ici-bas[3],
Font vœu de renoncer à des biens qu'ils n'ont pas[4]
Pour vivre du bien de leurs frères,
Un dervis, en un mot, s'en allait mendiant
Et priant,
Lorsque les cris plaintifs d'une jeune corneille[5]

---

[1] Les quatre premiers vers de la fable expliquent assez bien le sens de ce mot. On aurait pu dire plus brièvement qu'un *dervis* ou *derviche* est un moine mahométan. Le mot *dervis* signifie « pauvre. »

[2] Il y a des dervis qui vivent solitaires, comme nos ermites d'autrefois.

[3] *Détacher son cœur des choses d'ici-bas* c'est en étouffer l'amour dans son cœur ; c'est souvent tomber dans un excès, en voulant fuir un autre excès, qui serait de s'attacher tellement aux choses de ce monde, qu'on fût incapable d'y renoncer sans désespoir, quand la mort s'approche.

[4] Les dervis, comme les moines, font vœu de pauvreté. Le poëte dit malicieusement que ces dervis *font vœu de renoncer à des biens..... qu'ils n'ont pas*, et, par là, il fait entendre que ce vœu ne leur coûte guères. Ce qu'il ajoute, encore plus malicieusement, prouve même qu'ils peuvent y gagner beaucoup, savoir, *de vivre du bien de leurs frères*. En effet, les personnes dévotes se plaisent à nourrir ces pauvres dervis, dont les prières doivent, à ce qu'elles imaginent, attirer sur elles la faveur céleste.

[5] Oiseau noir, comme le corbeau, mais de moindre grosseur. La corneille émigre chaque automne et revient au printemps : c'est un oiseau de passage.

Par des parents cruels laissée en son berceau[6],
Presque sans plume encor, vinrent à son oreille.
Notre dervis regarde, et voit le pauvre oiseau
Allongeant sur son nid sa tête demi-nue[7] :

> Dans l'instant, du haut de la nue,
> Un faucon[8] descend vers ce nid,
> Et, le bec rempli de pâture[9],
> Il apporte sa nourriture
> A l'orpheline[10] qui gémit.

« O du puissant Allah[11] providence[12] adorable !
S'écria le dervis : plutôt qu'un innocent
Périsse sans secours, tu rends compatissant

> Des oiseaux le moins pitoyable[13]!

Et moi, fils du Très-Haut, je chercherai mon pain[14] !

---

[6] « Son nid. » Le nid, bercé par le vent, est pour le petit oiseau ce qu'est le berceau pour le petit enfant.

[7] Nous venons de voir que la corneille était encore presque sans plumes.

[8] Oiseau de proie qui mange les autres oiseaux. Celui-ci nourrit la corneille : c'est un faucon merveilleux, comme nous verrons bientôt.

[9] Ce qui sert à repaître, à nourrir les animaux.

[10] Un *orphelin* est proprement un enfant dont le père ou la mère sont morts : mais les enfants abandonnés peuvent avec raison être appelés *orphelins*.

[11] C'est par ce mot que les Mahométans désignent l'Être suprême.

[12] On nomme souvent *Providence* Dieu lui-même, envisagé comme conservateur du monde et des créatures ; mais on dit quelquefois aussi la *providence de Dieu*, pour exprimer l'action bienfaisante et tutélaire de l'Être suprême.

[13] « Plutôt que de souffrir qu'un être innocent périsse sans secours, tu inspires la pitié au moins compatissant des oiseaux. »

[14] « Et moi qui suis bien plus qu'une chétive corneille,

Non, par le prophète j'en jure [15],
Tranquille désormais [16], je remets mon destin
A celui qui prend soin de toute la nature [17]. »
Cela dit [18], le dervis couché tout de son long,
    Se met à bayer [19] aux corneilles,
De la création admire les merveilles [20],
    De l'univers l'ordre profond [21].
    Le soir vint ; notre solitaire
Eut un peu d'appétit en faisant sa prière :
«Ce n'est rien, disait-il, mon souper va venir [22].»
Le souper ne vient point.« Allons, il faut dormir;
Ce sera pour demain. » Le lendemain, l'aurore
    Paraît, et point de déjeuner.
    Ceci commence à l'étonner;
    Cependant il persiste encore [23],

---

moi qui suis le fils de Dieu, je prendrais la peine de gagner mon pain ! »

[15] « Je le jure par le nom du prophète Mahomet. »

[16] «Dès à présent. »

[17] « J'abandonne mon sort à Dieu, qui prend soin de toute la nature ; je me confie entièrement en lui. »

[18] «Après avoir dit cela. »

[19] *Bayer*, c'est tenir la bouche entr'ouverte en regardant niaisement quelque chose. On dit proverbialement *bayer aux corneilles*, pour « perdre son temps à regarder en l'air et à ne rien faire». Quelques-uns écrivent, à tort, *bailler aux corneilles*. Le poète emploie ici ce proverbe très à propos, puisqu'il a été question d'une corneille, et en effet le dervis va passer le temps à l'observer.

[20] « Il contemple les beautés et l'ordre de l'univers, » ce qui serait louable et bon, s'il se livrait à ce plaisir après avoir travaillé.

[21] « L'ordre de l'univers, rempli d'une profonde sagesse.»

[22] Il l'attendait du faucon peut-être, ou de quelque personne envoyée par Dieu même.

[23] « Il continue d'attendre. »

Et croit à chaque instant voir venir son dîner.
Personne n'arrivait; la journée est finie,
Et le dervis à jeun voyait d'un œil d'envie [24]
    Ce faucon qui venait toujours
    Nourrir sa pupille [25] chérie.
Tout-à-coup il l'entend lui tenir ce discours :
    « Tant que vous n'avez pu, ma mie [26],
    Pourvoir vous-même à vos besoins,
    De vous j'ai pris de tendres soins ;
    A présent que vous voilà grande [27],
Je ne reviendrai plus. Allah nous recommande
    Les faibles et les malheureux ;
    Mais être faible, ou paresseux,
    C'est une grande différence [28].
    Nous ne recevons l'existence
Qu'afin de travailler pour nous ou pour autrui.
De ce devoir sacré quiconque se dispense [29]
    Est puni de la Providence
    Par le besoin ou par l'ennui [30]. »

---

[24] « Avec envie ; d'un œil jaloux. »

[25] Une pupille est proprement une jeune personne soumise à l'autorité d'un tuteur. La corneille est comme la pupille du faucon.

[26] Vieux mot abrégé pour *amie* ; *ma mie*, c'est-à-dire « mon amie. »

[27] On dira peut-être qu'elle a grandi bien rapidement. Le dervis n'est là que depuis la veille ; or il a vu en arrivant la corneille *presque sans plumes encore*, et *la tête demi-nue*. C'est une petite distraction du bon Florian.

[28] « C'est tout autre chose d'être faible que d'être paresseux. »

[29] « S'affranchit, s'exempte. »

[30] En effet le paresseux souffre du besoin, s'il est pauvre, et de l'ennui, s'il est riche ; c'est une juste punition de Dieu, et c'est en même temps la preuve que l'oisiveté est un crime devant lui.

Le faucon dit et part. Touché de ce langage [31],
Le dervis corrigé reconnaît son erreur;
　　Et, gagnant le premier village [32],
　　Se fait valet de laboureur [33].

Les dervis sont-ils encore en grand crédit chez les
mahométans? Je ne sais, mais certainement les moines, que Florian a voulu peindre sous le nom des dervis, ne sont plus guères en faveur chez les peuples chrétiens. Dans les siècles passés, on voyait beaucoup de ces
pieux fainéants, qui menaient une vie fort inutile à eux-
mêmes et à la société, attendant que les bonnes gens
les nourrissent par dévotion, comme de saints personnages. Aujourd'hui, il n'y a plus que des ecclésias-
tiques utiles; on ne voit plus de moines parmi nous,
mais il y a toujours des paresseux. Ces hommes ne se
livrent point à l'oisiveté par une confiance aveugle
en l'assistance de Dieu; c'est tout simplement par la
haine du travail. On voit de ces gens-là parmi les pauvres comme parmi les riches; les uns vivent dans la
mendicité, les autres dans la mollesse. La société paraît
toujours moins disposée à les souffrir. De toutes parts
des réclamations s'élèvent contre les consommateurs
inutiles; on veut que, dans la famille humaine, chacun
ait sa fonction et la remplisse. Mettez-vous donc en
état, jeunes amis, d'obéir à cette loi hautement proclamée. C'est alors que vous pourrez attendre avec confiance le secours d'en haut. Vous connaissez le proverbe: « Aide-toi; le ciel t'aidera. »

---

[31] « Persuadé, convaincu par ce langage. »
[32] « S'acheminant vers le village le plus voisin. »
[33] Il ne pouvait pas choisir un travail plus utile ni plus
honorable.

16.

LES ENFANTS ET LES PERDREAUX[1]. (III, 12.)

Deux enfants d'un fermier, gentils, espiègles[2], beaux,
    Mais un peu gâtés par leur père,
    Cherchant des nids[3] dans leur enclos[4],
    Trouvèrent de petits perdreaux
    Qui voletaient[5] après leur mère.
Vous jugez de leur joie[6], et comment mes bambins
    A la troupe qui s'éparpille[7]
    Vont partout couper les chemins,
    Et n'ont pas assez de leurs mains
    Pour prendre la pauvre famille.
La perdrix, traînant l'aile, appelant ses petits,
    Tourne en vain, voltige, s'approche[8];
    Déjà mes jeunes étourdis
    Ont toute sa couvée en poche.
Ils veulent partager comme de bons amis;
Chacun en garde six, il en reste un treizième;

---

[1] « Jeunes perdrix. »

[2] « Malins et folâtres. »

[3] Usage vraiment condamnable, et qui cessera, quand les enfants voudront ne plus mériter ce que La Fontaine a dit à leur sujet:

      « Cet âge est sans pitié. »

[4] Dans leur domaine *clos* d'une haie ou d'un mur.

[5] « Qui voltigeaient, qui volaient avec peine. » Ils sortaient peut-être du nid pour la première fois.

[6] « Vous jugez combien la joie des enfants fut vive. »

[7] « Qui se disperse de tous côtés. »

[8] L'amour maternel lui faisait oublier le danger.

L'aîné le veut, l'autre le veut aussi.
« Tirons au doigt mouillé[9].—Parbleu non.—Parbleu si.
—Cède ou bien tu verras.—Mais tu verras toi-même. »
De propos en propos[10], l'aîné, peu patient,
    Jette à la tête de son frère
Le perdreau disputé. Le cadet, en colère,
    D'un des siens riposte[11] à l'instant.
    L'aîné recommence d'autant[12];
Et ce jeu qui leur plaît[13] couvre autour d'eux la terre
    De pauvres perdreaux palpitants[14].
Le fermier, qui passait en revenant des champs,
    Voit ce spectacle sanguinaire[15],
    Accourt, et dit à ses enfants:
« Comment donc! petits rois[16], vos discordes cruelles
Font que tant d'innocents expirent par vos coups[17]!

---

[9] « Pour décider qui aura ce treizième perdreau.»

[10] « Après qu'ils eurent disputé quelque temps. »

[11] *Riposter* signifie souvent *répondre, repartir vivement*, et souvent aussi *rendre coup pour coup, injure pour injure.*

[12] « De même. »

[13] C'est d'abord la colère qui les fait agir, puis le jeu leur plaît, et ils continuent par amusement, en quoi ils se montrent encore plus coupables, parce qu'ils sont plus maîtres d'eux-mêmes, et ne sont pas moins cruels.

[14] « Saisis d'un tremblement convulsif, avant-coureur de la mort. »

[15] Le sang ne coule pas peut-être, les perdreaux sont assommés, et non pas égorgés, mais les enfants n'en sont pas pas moins des meurtriers, et leur action peut être appelée *sanguinaire.*

[16] L'histoire compte beaucoup de rois guerriers, qui n'ont pas craint de répandre le sang de leurs sujets, pour soutenir leurs querelles contre des rois voisins. Le fermier peut donc comparer ses enfants à ces monarques, fléau du genre humain.

[17] « Vos querelles barbares font périr tant d'innocents ! »

De quel droit, s'il vous plaît, dans vos tristes querelles
Faut-il que l'on meure pour vous[18]? »

Laissons-les rois grands et petits, et occupons-nous
de nous-mêmes, jeunes lecteurs. Nous avons plusieurs
leçons à tirer de cette fable : nous y voyons d'abord
deux enfants *un peu gâtés par leur père*, et nous devons attendre quelque chose de fâcheux ; la faiblesse
du père portera ses fruits, et lorsqu'il censure les petits meurtriers, on est tenté de lui dire: « Ce que tu
vois, ce que tu condamnes est ton ouvrage ; si tu avais
mieux élevé tes enfants, ils n'auraient été ni jaloux, ni
colères, ni barbares.» Mais vous conviendrez que, si le
père est digne de blâme, les enfants le sont aussi. La
conscience leur a parlé dès l'âge le plus tendre ; cette
voix divine ne *gâte* personne ; elle n'excuse ni mauvaise
action, ni mauvaise pensée. Ne pas l'écouter, c'est se
mettre en révolte contre le Créateur tout-puissant, présent partout, qui a puni dans Caïn la première jalousie
fraternelle; qui nous défend la colère, sous peine d'être
condamnés par le jugement; qui voulut enfin faire de
nous les rois, et non pas les tyrans de la création.

17.

LA GUENON, LE SINGE ET LA NOIX. (IV, 12.)

Une jeune guenon[1] cueillit

Ces pensées sont belles ; mais La Fontaine aurait fait parler
le fermier plus simplement.

[18] « Quel droit avez-vous de forcer des créatures inno-
centes à périr pour vos querelles? » C'est ce qu'on a pu
dire à tous les conquérants qui ont fait répandre le sang des
hommes.

[1] Les naturalistes ont appelé *guenons* une espèce parti-

Une noix dans sa coque verte;
Elle y porte la dent, fait la grimace²... « Ah ! certe,
    Dit-elle, ma mère mentit³,
Quand elle m'assura que les noix étaient bonnes.
Puis, croyez aux discours de ces vieilles personnes
Qui trompent la jeunesse ! Au diable soit le fruit!»
Elle jette la noix. Un singe la ramasse ;
    Vite entre deux cailloux la casse,
    L'épluche, la mange, et lui dit⁴ :
    « Votre mère eut raison, ma mie⁵;
Les noix ont fort bon goût⁶, mais il faut les ouvrir.
    Souvenez-vous que, dans la vie,
Sans un peu de travail on n'a point de plaisir. »

Rien de plus vrai, et vous le savez bien, que cette dernière pensée. Les jouets qui vous ont le plus amusés sont
ceux que vous avez fabriqués vous-mêmes ; vos divertissements les plus chéris sont quelquefois d'assez rudes

---

culière de singes. Il y a donc des guenons mâles et des guenons femelles ; mais, dans l'usage ordinaire, on entend par
la guenon la femelle du singe. Ici le mot est pris dans ce
sens.

² La coque verte, appelée le *brou* de la noix, est d'une
grande âpreté.

³ Voilà encore une personne très-mal élevée : jamais enfant sage ne traita ses parents de menteurs.

⁴ « Et dit à la guenon. » Selon la grammaire, *lui* se rapporte à *la noix* ; et, quoique le sens soit parfaitement clair,
il faut éviter ces imperfections.

⁵ « Ma mie. » Voyez page 49, note 26.

⁶ Au lieu de l'affirmer, il aurait mieux fait de le prouver
à la guenon, en lui faisant goûter la noix, et la partageant
avec elle ; mais il reste fidèle à son caractère de singe, essen-
tiellement malin. D'ailleurs on n'est pas fâché de voir punie
cette jeune personne irrévérencieuse, étourdie et colère

exercices ; si l'on vous a proposé, dans vos jeux, une
question un peu difficile, vous êtes d'autant plus joyeux,
quand, après quelques efforts, vous pouvez y répondre.
C'est mal-à-propos que les poètes ont imaginé ce qu'ils
appellent l'*âge d'or*, qu'ils placent dans les temps les plus
anciens, et qu'ils nous représentent comme une époque
parfaitement heureuse, où l'homme jouissait, sans aucun labeur, de tous les biens et de tous les plaisirs. Cet
âge d'or eût été l'âge du dégoût et de l'ennui. Mieux
vaut notre temps, que ces mêmes poètes ont nommé
l'*âge de fer*, c'est-à-dire l'âge de la fatigue et du travail.
L'âge du travail ! mais c'est par là que notre époque
doit nous plaire. Le travail assaisonne les jouissances.
Eh ! n'est-il pas lui-même un plaisir ?

18.

LE LAPIN ET LA SARCELLE. (IV, 15.)

Unis dès leurs jeunes ans
D'une amitié fraternelle,
Un lapin, une sarcelle [1],
Vivaient heureux et contents.
Le terrier [2] du lapin était sur la lisière [3]
D'un parc [4] bordé d'une rivière.

---

[1] Oiseau aquatique, c'est-à-dire qui vit sur les eaux. Il
est assez semblable au canard, mais beaucoup plus petit.

[2] Le trou que le lapin creuse dans la *terre*, et dont il fait
sa demeure et sa retraite.

[3] « Le bord d'un bosquet, d'une forêt. »

[4] Grande étendue de terre entourée d'une clôture, pour
la conservation des bois qui y sont plantés et du gibier
qu'on y renferme. On se livre dans les parcs au plaisir de la
chasse ou de la promenade.

Soir et matin nos bons amis,
        Profitant de ce voisinage,
Tantôt au bord de l'eau, tantôt sous le feuillage,
        L'un chez l'autre étaient réunis.
Là, prenant leur repas, se contant des nouvelles,
        Ils n'en trouvaient point de si belles
Que de se répéter qu'ils s'aimeraient toujours.
Ce sujet revenait sans cesse en leurs discours [5].
Tout était en commun, plaisir, chagrin, souffrance ;
Ce qui manquait à l'un, l'autre le regrettait ;
Si l'un avait du mal, son ami le sentait ;
Si d'un bien au contraire il goûtait l'espérance,
        Tous deux en jouissaient d'avance.
Tel était leur destin [6], lorsqu'un jour, jour affreux !
Le lapin, pour dîner [7] venant chez la sarcelle [8],
Ne la retrouve plus : inquiet, il l'appelle ;
Personne ne répond à ses cris douloureux.
La lapin, de frayeur l'âme toute saisie,
Va, vient, fait mille tours, cherche dans les roseaux,
        S'incline par-dessus les flots [9],
Et voudrait [10] s'y plonger pour trouver son amie.
« Hélas ! s'écriait-il, m'entends-tu? réponds-moi,

---

[5] Les amis ne sont jamais las de se témoigner leur affection mutuelle.

[6] « Leur sort. »

[7] Il ne mangeait pas des mêmes aliments que la sarcelle ; mais il broutait l'herbe auprès de son amie, tandis qu'elle mangeait du poisson.

[8] « Au bord de l'eau, » dans le lieu où elle se retirait, quand elle avait assez de la promenade sur l'eau et de la pêche.

[9] Il avance la tête sur le bord de l'étang et se penche, pour chercher à découvrir la sarcelle.

[10] *Il voudrait*, mais l'instinct l'arrête.

Ma sœur, ma compagne chérie ;
Ne prolonge pas mon effroi :
Encor quelques moments, c'en est fait de ma vie[11];
J'aime mieux expirer[12] que de trembler pour toi[13]. »
Disant ces mots, il court, il pleure,
Et, s'avançant le long de l'eau,
Arrive enfin près du château
Où le seigneur [14] du lieu demeure.
Là, notre désolé lapin
Se trouve au milieu d'un parterre[15],
Et voit une grande volière[16],
Où mille oiseaux divers volaient sur un bassin[17].
L'amitié donne du courage [18].
Notre ami, sans rien craindre, approche du grillage[19],

---

[11] « Ma vie est perdue ; je vais mourir. »

[12] « J'aime mieux mourir que de craindre à ton sujet. »

[13] La Fontaine aurait fait parler le lapin en termes plus simples. Ce style est trop pompeux, et ne convient pas dans la bouche d'un pauvre animal. C'est un petit défaut dans ce charmant ouvrage.

[14] Les châteaux étaient habités, avant la révolution, par des hommes appelés seigneurs. Voyez la première partie, page 23, note 5.

[15] Un jardin de plaisance, orné d'arbustes et de fleurs.

[16] Une vaste cage, qui peut contenir quelquefois des milliers d'oiseaux. On tient ces volières en plein air ; elles servent à l'embellissement des bosquets et des jardins.

[17] Un bassin plein d'eau, pour l'usage des oiseaux prisonniers.

[18] Parce qu'elle donne du dévouement. Voilà pourquoi les pères, et les mères elles-mêmes, ont tant de courage, quand il s'agit de défendre ou de sauver leur famille.

[19] « Treillis » ordinairement de fil de fer, ou de laiton, à mailles assez larges pourqu'on puisse voir aisément les oiseaux, et assez serrées pour que les plus petits ne puissent pas s'échapper.

Regarde et reconnaît... ô tendresse! ô bonheur!
La sarcelle : aussitôt il pousse un cri de joie;
Et, sans perdre de temps à consoler sa sœur [20],
    De ses quatre pieds [21] il s'emploie
    A creuser un secret chemin [22]
Pour joindre son amie, et par ce souterrain [23]
Le lapin tout-à-coup entre dans la volière,
Comme un mineur qui prend une place de guerre [24].
Les oiseaux effrayés se pressent en fuyant.
Lui court à la sarcelle; il l'entraîne à l'instant
Dans son obscur sentier, la conduit sous la terre [25];
Et la rendant au jour [26], il est prêt à mourir

---

[20] La Fontaine a dit quelque part :

  « Le sage est ménager du temps et des paroles. »

Le lapin est sage ; il voit qu'il a mieux à faire que d'adresser à la sarcelle des paroles de consolation ; il peut la délivrer, et il n'a pas un moment à perdre.

[21] C'est surtout avec ses pieds de devant qu'il fouit la terre ; il les fait mouvoir avec une grande rapidité, et il avance étonnamment, quand la terre n'est pas trop dure. Quand elle est remuée, il la rejette hors du trou avec ses pieds de derrière.

[22] « Un chemin qui pouvait échapper aux regards des hommes. »

[23] Un *souterrain* peut n'avoir pas deux issues ; celui-ci en a deux, c'est un passage souterrain.

[24] Plusieurs villes ont été prises de cette manière, en pratiquant un passage jusque dans l'intérieur de la place assiégée ; cependant il est plus ordinaire aujourd'hui de creuser des mines pour les remplir de poudre à canon. On y met ensuite le feu, afin que l'explosion détruise les ouvrages, les remparts construits au-dessus.

[25] C'est un chemin auquel les oiseaux ne sont pas accoutumés ; mais toutes les issues sont bonnes pour s'échapper d'une prison.

[26] « Et la faisant ressortir de l'autre côté. »

De plaisir.
Quel moment pour tous deux ! Que ne sais-je le peindre
Comme je saurais le sentir[27] !
Nos bons amis croyaient n'avoir plus rien à craindre;
Ils n'étaient pas au bout[28]. Le maître du jardin,
En voyant le dégât[29] commis dans sa volière,
Jure d'exterminer jusqu'au dernier lapin[30] :
« Mes fusils ! mes fusils[31] ! » criait-il en colère.
Aussitôt fusils et furets[32]
Sont tout prêts.
Les gardes[33] et les chiens vont dans les jeunes tailles[34],
Fouillant les terriers[35], les broussailles ;

---

[27] Florian dit bien vrai ; il y a des sentiments si vifs que les paroles sont insuffisantes pour les exprimer.

[28] « Ils avaient encore des dangers à craindre. »

[29] « Le dommage, le désordre. »

[30] La nature du dommage lui fait reconnaître d'abord que le coupable est un lapin. Il jure de les tuer tous. Emportement furieux ! c'est plus l'orgueil blessé que le regret d'une perte qui le provoque. Car, je vous le demande, n'était-il pas facile de combler le trou? Le maître avait perdu une sarcelle? Le beau sujet pour faire une guerre d'extermination !... Malheureusement ce n'est pas dans les fables seulement qu'on voit l'homme si déraisonnable. La plupart des guerres qui ont désolé le monde se sont faites pour des sujets sans importance réelle, ou pour des abus auxquels ces guerres ne pouvaient remédier. Nous avons été jusqu'ici une espèce fort sanguinaire.

[31] Un chasseur peut en avoir plusieurs. Les gens qui le servent les chargent à mesure qu'il tire.

[32] Espèce de fouines dont on se sert pour chasser les lapins, et qui vont les attaquer dans le terrier.

[33] Les hommes qui chassent sous les ordres du maître.

[34] « Dans les jeunes taillis, ou bois taillis. » Voyez plus haut, page 4, note 10.

[35] On y lance les furets.

Tout lapin qui paraît trouve un affreux trépas [36]:
Les rivages du Styx [37] sont bordés de leurs mânes [38];
    Dans le funeste jour de Cannes [39]
    On mit moins de Romains à bas.
La nuit vient; tant de sang n'a point éteint la rage [40]
Du seigneur, qui remet au lendemain matin
    La fin de l'horrible carnage.
    Pendant ce temps notre lapin,
Tapi [41] sous des roseaux auprès de la sarcelle,
    Attendait en tremblant la mort,
Mais conjurait [42] sa sœur de fuir à l'autre bord
    Pour ne pas mourir [43] devant elle.

---

[36] « Une mort affreuse. » Il est fusillé.

[37] Le Styx était, selon les Grecs, un fleuve des enfers.

[38] Les âmes, les ombres des morts. Le poète suppose ici que les animaux ont, comme nous, une âme, un principe immatériel qui survit à la mort. Peut-être ce badinage se doit-il excuser dans une fable. Les Grecs disaient qu'après la mort les âmes descendaient sur les bords du Styx, et qu'elles y séjournaient jusqu'à ce que le vieux batelier Caron les eût passées sur l'autre bord, où commençait proprement l'Enfer ou le Tartare. Conte bizarre et ridicule! Nous sommes bien heureux de ne pas mêler tant d'erreurs puériles à cette grande vérité que l'âme survit au corps, et qu'elle retourne à Dieu qui l'a donnée.

[39] La bataille de Cannes fut gagnée par Annibal, célèbre général Carthaginois. Elle fut livrée 216 ans avant Jésus-Christ, dans la partie de l'Italie qui porte aujourd'hui le nom de Pouille. Cinquante mille Romains y périrent.

[40] Ce seigneur était cruel jusqu'à l'extravagance.

[41] « Blotti. »

[42] « Priait de la manière la plus pressante. »

[43] « Afin qu'il ne mourût pas, etc. » *Pour ne pas mourir* n'est pas une expression correcte, et, selon la grammaire, désignerait la sarcelle : mais le sens général et les mots *devant elle* montrent que ceux qui précèdent se rapportent au lapin.

« Je ne te quitte point, lui répondait l'oiseau ;
Nous séparer serait la mort la plus cruelle.
	Ah ! si tu pouvais passer l'eau !
Pourquoi pas ? Attends-moi... » La sarcelle le quitte,
	Et revient traînant un vieux nid [44]
Laissé par des canards : elle l'emplit [45] bien vite
De feuilles de roseau, les presse, les unit
Des pieds, du bec [46], en forme un batelet [47] capable
	De supporter un lourd fardeau ;
	Puis elle attache à ce vaisseau [48]
	Un brin de jonc qui servira de câble [49].
	Cela fait, et le bâtiment [50]
Mis à l'eau [51], le lapin entre tout doucement
Dans le léger esquif [52], s'assied sur son derrière,
Tandis que devant lui la sarcelle nageant
Tire le brin de jonc, et s'en va dirigeant
	Cette nef [53] à son cœur si chère.
On aborde, on débarque ; et jugez du plaisir !

---

[44] « Elle le traînait peut-être sur l'eau. »

[45] « Elle le remplit. »

[46] « Avec ses pieds et son bec. »

[47] « Un petit bateau. » Nous avons vu dans la première partie plusieurs exemples de ces diminutifs.

[48] Expression badine. On donne quelquefois, en se jouant, aux petites choses le nom des grandes. Le brin d'herbe est un promontoire, le ruisseau un océan pour la fourmi de La Fontaine. Voyez première partie, p. 42, notes 5 et 6.

[49] Corde très-grosse qui tient les ancres des navires.

[50] « Le bateau. » On donne souvent le nom de *bâtiment* aux vaisseaux, aux frégates, etc.

[51] « Lorsque cela fut fait ; lorsque le bâtiment fut mis à l'eau. »

[52] « Petit bateau. »

[53] Vieux mot. « Vaisseau, barque, bateau. » On remarquera combien le tableau tracé dans ces vers est gracieux.

	4

Non loin du port on va choisir
Un asile où, coulant des jours dignes d'envie,
Nos bons amis, libres, heureux,
Aimèrent d'autant plus la vie
Qu'ils se la devaient tous les deux.

Les enfants qui auront lu cette jolie fable s'en souviendront toute leur vie. Elle rappelle un peu, par le fond du sujet, *le corbeau, la gazelle, la tortue et le rat* de La Fontaine (première partie, p. 125). Peut-être les deux amis dont Florian vient de nous tracer l'histoire vous ont-ils intéressés davantage. Ils sont si aimables tous les deux ! Ils ont couru de si grands dangers ! Mais, vous le voyez, nous ne devons désespérer de rien, tant qu'il nous reste un ami fidèle. C'est la morale que nous pouvons tirer de ce récit.

J'avouerai qu'une chose m'y blesse un peu, c'est le carnage des autres lapins. Ces pauvres malheureux paient pour l'ami de la sarcelle, et pourtant c'est lui qui les a perdus. Sans doute il ne pouvait pas le prévoir : mais, quand on a été la cause, même innocente, d'un si grand malheur, je m'étonne qu'on puisse vivre si tranquille dans une délicieuse retraite. Quelques mots de regret auraient été bien placés dans sa bouche, et sans doute à sa place vous n'auriez manqué ni de mémoire ni de pitié.

19.

LES DEUX PAYSANS ET LE NUAGE, (IV, 12.)

« Guillot, disait un jour Lucas
D'une voix triste et lamentable [1],

---

[1] « Gémissante. » Une *lamentation* est une plainte, accompagnée de cris, de soupirs, de larmes.

Ne vois-tu pas venir là-bas
Ce gros nuage noir ? C'est la marque[2] effroyable
Du plus grand des malheurs. — Pourquoi? répond Guillot.—
Pourquoi? regarde donc : ou je ne suis qu'un sot,
        Ou ce nuage est de la grêle[3]
Qui va tout abîmer[4], vigne, avoine, froment[5];
        Toute la récolte nouvelle
        Sera détruite en un moment.
Il ne restera rien; le village en ruine[6]
        Dans trois mois aura la famine[7],
Puis la peste[8] viendra, puis nous périrons tous.—
La peste ? dit Guillot : doucement, calmez-vous,
        Je ne vois point cela, compère.

---

[2] « L'augure, le présage. »

[3] Florian a dit que ce nuage était noir : or les campagnards savent bien que, le plus souvent, les nuages qui produisent la grêle sont blancs. C'est un petit défaut d'exactitude.

[4] « Détruire, dévaster. »

[5] L'*avoine* sert principalement à la nourriture des chevaux; c'est avec le *froment* que l'on fait le meilleur pain.

[6] Ces mots signifient littéralement que les maisons du village seront détruites, ou du moins fort endommagées; et, dans ce sens, l'expression serait exagérée; les plus grosses grêles peuvent briser les ardoises et les tuiles, mais les maisons n'en sont jamais renversées. Il faut donc entendre par le *village en ruine* « les villageois ruinés. »

[7] La famine ! parce qu'un canton aura été frappé de la grêle? Autre exagération. Il est rare que la grêle dévaste une grande étendue de pays. Les contrées voisines, qui ont été épargnées, viennent au secours de celles qui ont souffert.

[8] La peste ! C'est de mal en pis. Décidément le pauvre Lucas extravague. Mais Florian a voulu peindre en lui un de ces sombres esprits qui ne rêvent que catastrophes. Celui-ci, pour comble de maux, voyait la fin du monde..... dans un nuage : *Nous périrons tous* !

Et s'il faut vous parler selon mon sentiment,
  C'est que je vois tout le contraire ;
  Car ce nuage assurément
Ne porte point de grêle, il porte de la pluie ;
  La terre est sèche dès longtemps,
  Il va bien arroser nos champs ;
Toute notre récolte en doit être embellie[9].
  Nous aurons le double de foin,
Moitié plus de froment, de raisins abondance ;
  Nous serons tous dans l'opulence[10],
Et rien, hors les tonneaux[11], ne nous fera besoin.—
C'est bien voir que cela[12] ! dit Lucas en colère.—
Mais chacun a ses yeux[13], lui répondit Guillot.—
Oh ! puisqu'il est ainsi[14], je ne dirai plus mot.
  Attendons la fin de l'affaire :
Rira bien qui rira le dernier[15].—Dieu merci,

---

[9] « Rendue plus abondante, plus féconde. » Le poète a pu dire *embellie*, parce qu'en effet, plus la récolte est abondante, plus les champs sont beaux à voir.

[10] « La richesse. » Cependant l'*opulence* désigne plutôt l'abondance d'or et d'argent, la richesse fastueuse.

[11] Parce qu'on ne saura où loger le vin. Ce bon Colas rêve à sa manière, en voyant tout cela dans une averse qu'il espère ; mais enfin son rêve est agréable, et le rend heureux quelques moments.

[12] Ironie ; Lucas veut faire entendre le contraire de ce qu'il dit ; il trouve que Colas *voit fort mal*.

[13] « Chacun voit les choses à sa manière. »

[14] « Puisque telle est ton opinion, et que tu ne veux pas me croire. »

[15] Proverbe. Quand un homme, qui croit mieux prévoir l'avenir, en voit d'autres rire de ses prophéties, il dit quelquefois : « Rira bien, » etc., c'est-à-dire : « Je rirai bien, quand ce que je vous annonce sera arrivé, et que je vous verrai confus de votre imprévoyance. »

Ce n'est pas moi qui pleure ici [16]. »
Ils s'échauffaient [17] tous deux ; déjà dans leur furie
Ils allaient se gourmer [18], lorsqu'un souffle de vent
Emporta loin de là le nuage effrayant ;
   Ils n'eurent ni grêle ni pluie.

Ce dernier vers est très-joli et très-vif. Ne vous semble-t-il pas voir Lucas et Colas, les yeux au ciel, l'air ébahi, regardant passer ce nuage qui renfermait tant de choses ? Que de gens ont fait comme eux des prédictions contraires, et n'ont prouvé qu'une chose, c'est que l'avenir est impénétrable à l'homme, et que, le plus souvent, l'événement ne réalise ni nos espérances, ni nos craintes. Les voies de Dieu ne sont connues que de lui ; nous devons donc agir selon les forces et les lumières qu'il nous a données, en tout ce qui dépend de nous, et nous reposer du reste sur sa Providence.

Cette pluie que Colas annonçait pour aujourd'hui, elle viendra peut-être demain ; cette grêle, qui devait tout ravager, si elle tombe un jour, épargnera beaucoup de fruits : il en restera de quoi passer l'hiver, et le monde ne finira pas.

Nous voyons aussi dans cette fable la vanité du babil des oisifs. Il n'est bon à rien, et conduit à de fâcheux excès. On commence par contester, puis on dispute, on se querelle, on finit par la violence brutale. Et cependant l'homme s'appelle un être raisonnable ! Pauvre raison que deviens-tu quelquefois ?

---

16 Colas se félicite d'avoir au moins l'avantage de la philosophie la plus gaie.

17 « Leur dispute s'animait. »

18 « Se battre à coups de poing ; » vieille expression.

4.

20.

LES DEUX LIONS. (V, 2.)

Sur les bords africains [1], aux lieux inhabités [2]
Où le char du soleil [3] roule en brûlant la terre,
Deux énormes lions, de la soif tourmentés,
Arrivèrent au pied d'un rocher solitaire.
Un filet d'eau coulait, faible et dernier effort
    De quelque naïade [4] expirante.

---

[1] Expression poétique qui ne veut pas dire qu'il soit ici question des *rivages*, des *côtes* de l'Afrique. *Bords* est mis pour « champs, campagnes, terres, » et cela revient à dire : « En Afrique. »

[2] Les anciens croyaient que la zone torride (c'est-à-dire l'espace compris entre les deux tropiques) n'était pas habitée. Le fabuliste s'est prêté à cette supposition, quoiqu'il sût bien qu'elle était erronée. Au reste l'Afrique est beaucoup moins peuplée que l'Europe, et il y a des contrées entièrement désertes.

[3] Les anciens Grecs supposaient que Phébus, aussi nommé *Apollon*, était le dieu du jour. Il montait, disait-on, dans un char resplendissant de lumière et brûlant de chaleur. C'était le char du soleil. Apollon s'élevait le matin dans ce char, du sein des mers orientales, parcourait toute l'étendue du ciel, et descendait chaque soir dans les mers de l'occident. Comment allait-il de là, pendant la nuit, reprendre son poste à l'orient, pour recommencer sa course le lendemain? C'est ce que les poètes grecs ne prenaient pas la peine d'expliquer. Ils ne se doutaient pas qu'ils faisaient eux-mêmes, du soir au matin, quelques mille lieues sans sortir de leur lit, et qu'un demi-tour de la terre les replaçait à l'égard du soleil dans la même position qu'au matin du jour précédent; si bien qu'ils devaient revoir cet astre du même côté que la veille. Dieu n'avait pas encore permis que les hommes fussent dans le secret de la création, et connussent les lois admirables du mouvement des astres.

[4] « Nymphe. » Les *Naïades* ou *Nymphes* étaient, selon

Les deux lions courent d'abord
Au bruit de cette eau murmurante.
Ils pouvaient boire ensemble ; et la fraternité,
Le besoin, leur donnaient ce conseil salutaire :
Mais l'orgueil [5] disait le contraire,
Et l'orgueil fut seul écouté.
Chacun veut boire seul : d'un œil plein de colère
L'un l'autre ils vont se mesurants [6],
Hérissent [7] de leur cou l'ondoyante crinière [8] ;

---

ces mêmes Grecs, de jeunes et belles déesses, qui présidaient aux sources, aux fontaines. On supposait qu'elles vivaient retirées dans les lieux souterrains, dans les grottes d'où les rivières s'écoulent. La nymphe tenait une urne penchée, d'où l'eau tombait pour l'usage des hommes. Aussi ces divinités étaient-elles adorées des peuples. Quand la source tarissait, on supposait que la naïade elle-même était défaillante. Ici la nymphe conserve à peine assez de force et de vie pour épancher de son urne un petit filet d'eau.

[5] La *fraternité*, le *besoin*, l'*orgueil* qui donnent des conseils ! Sont-ce des personnes, direz-vous peut-être, pour *conseiller* ces deux rivaux ? Non, mais souvent dans la poésie, et même dans le langage familier, on attribue à des *substantifs* tels que ceux-là, qui ne désignent que des qualités, des états de l'âme ou du corps, une sorte d'existence et d'activité. C'est ainsi qu'on dit : « L'espérance me conduit ; la crainte l'aveugle ; la confiance vous égare », comme si l'espérance, la crainte, la confiance, étaient des personnes vivantes, des guides fidèles ou trompeurs. C'est ce qu'on appelle des *personnifications*. Voyez la première partie, p. 78, note 5.

[6] On *mesure* en effet, ou du moins on paraît mesurer quelqu'un de l'œil, lorsqu'on le regarde du haut en bas, comme font souvent les personnes qui se menacent et se provoquent. — *Ils vont se mesurants* pour « ils se mesurent. »—Régulièrement il faudrait écrire *se mesurant*, sans *s*, parceque le participe est invariable.

[7] « Ils dressent, ils roidissent. »

[8] Le lion est pourvu d'une crinière assez semblable à

De leur terrible queue[9] ils se frappent les flancs[10],
Et s'attaquent avec de tels rugissements[11],
Qu'à ce bruit, dans le fond de leur sombre tanière[12],
Les tigres d'alentour vont se cacher tremblants[13].
      Égaux en vigueur, en courage,
Ce combat[14] fut plus long qu'aucun de ces combats[15]
Qui d'Achille ou d'Hector[16] signalèrent la rage[17]:

---

celle du cheval. Florian l'appelle ondoyante, parce que les crins flexibles imitent le mouvement des *ondes*, des *flots*. C'est ainsi qu'on dit : « une chevelure flottante. »

9 Cette queue est si forte que d'un seul coup elle peut, dit-on, casser la jambe d'un homme.

10 « Les côtés. »

11 C'est le mot par lequel on désigne le cri du lion.

12 Caverne, retraite d'une bête féroce.

13 On assure que le tigre, surtout le tigre royal, n'a point peur du lion, et le combat quelquefois avec avantage.

14 *Égaux en vigueur, en courage, ce combat...* Cette construction n'est pas régulière. *Égaux en vigueur, en courage* fait attendre ensuite *ces combattants*. En revanche on dirait bien : « Comme ils étaient égaux en vigueur, en courage, ce combat fut, » etc.

15 *Ce combat fut plus long qu'aucun de ces combats* : ce vers manque d'élégance ; la répétition du mot *combat* est désagréable, et la phrase est traînante.

16 Voyez la première partie, p. 117, note 11. Homère a composé un poëme intitulé l'*Iliade*, ou la guerre d'Ilion (qui était la même ville que Troie). Dans ce poëme Achille est représenté comme le plus vaillant des Grecs. Achille finit par tuer Hector, héros troyen. Dans les combats que les héros grecs et troyens se livraient souvent, Homère suppose que les dieux prenaient parti pour un guerrier ou pour un autre, et souvent leur assistance abrégea le combat. Nos deux lions, qui n'ont point de ces auxiliaires surnaturels, et qui sont égaux en vigueur et en courage, doivent combattre longtemps, avant que la victoire se prononce pour l'un ou pour l'autre.

17 *Ces combats qui signalèrent la rage*, etc. pour « Ces

Car les dieux ne s'en mêlaient pas.
Après une heure ou deux d'efforts et de morsures,
Nos héros fatigués, déchirés, haletants [18],
        S'arrêtèrent en même temps,
        Couverts de sang et de blessures.
        N'en pouvant plus, morts à demi [19],
Se traînant sur le sable, à la source ils vont boire:
Mais, pendant le combat, la source avait tari ;
Ils expirent auprès.

        Vous lisez votre histoire [20],
Malheureux insensés, dont les divisions,
        L'orgueil, les fureurs, la folie,
Consument en douleurs le moment de la vie [21] :
        Hommes, vous êtes ces lions [22] ;
        Vos jours, c'est l'eau qui s'est tarie [23].

---

combats dans lesquels Achille et Hector signalèrent, firent remarquer leur rage. »

[18] Voyez plus haut, page 58, note 9.

[19] On dit ordinairement : *demi-morts.*

[20] « L'histoire de ces deux lions, que vous venez de lire, est l'image de la vôtre, malheureux insensés, » etc.

[21] Belle expression ! La vie n'est en effet qu'un moment; on le dit, on le répète, et l'on empoisonne ce moment par mille querelles funestes et folles.

[22] « Vous êtes comme ces lions. » Ce n'est pas nous faire tort que de le dire ; c'est plutôt faire tort aux lions ; car il se commet chez les hommes des lâchetés, des perfidies plus détestables encore que l'instinct sanguinaire des lions.

[23] Il serait plus exact de comparer la source aux choses mêmes pour lesquelles les peuples se font la guerre, comme les lions combattaient au sujet de l'eau. Les hommes combattent en effet pour des avantages périssables ; ils perdent dans la lutte le temps d'en jouir ; et souvent par la lutte même, ils en détruisent l'objet, comme les enfants du fermier tuent les perdreaux, en disputant à qui les aura.

L'orgueil est chez les hommes une des principales sources de guerre. Rien ne prouve mieux que le christianisme n'a pas encore pénétré dans nos cœurs ; en effet, l'orgueil est condamné dans l'Evangile avec une sévérité beaucoup plus grande que chez les païens. Le jour où les hommes sauront écouter la voix du Sauveur qui a dit: *les premiers seront les derniers*, la plupart des querelles cesseront avec les prétentions de l'amour-propre.

Ne craignons pas de le dire ; il faut pour cela corriger nos mœurs et changer de principes. Nous sommes trop disposés à présenter la gloire comme le motif qui doit nous faire agir. Qu'elle soit le résultat de nos actions, pourvu qu'elle ne nous enfle pas de vanité, mais que le pur sentiment du devoir, l'obéissance docile à Dieu, qui nous parle au fond du cœur, soient nos premiers guides ! Ils nous diront souvent de faire précisément le contraire de ce qu'aurait conseillé la gloire humaine ; ils nous diront : « Prenez la dernière place au festin, » quand la gloire nous aurait conseillé de saisir la première.

21.

L'ANE ET LA FLUTE. (V, 5.)

Les sots sont un peuple nombreux [1],
Trouvant toutes choses faciles [2] :
Il faut le leur passer [3], souvent ils sont heureux ;

---

[1] « Sont nombreux. »
[2] « Ils trouvent tout facile. »
[3] « Il faut le leur pardonner, parce qu'ils réussissent

Grand motif de se croire habiles[4].

Un âne, en broutant ses chardons[5],
Regardait un pasteur[6] jouant, sous le feuillage,
D'une flûte dont les doux sons
Attiraient et charmaient les bergers du bocage[7].
Cet âne mécontent disait : « Ce monde est fou! »

---

souvent. » Boileau, poète français, qui s'est beaucoup moqué
des sots, a dit quelque part :

Un sot trouve toujours un plus sot qui l'admire.

Mais il faut convenir que ce n'est pas là être fort heureux.

[4] « C'est pour eux une grande raison de se croire habiles. »

[5] Plante dont les feuilles et la tige sont hérissées de piquants. Les poètes supposent que les ânes aiment les chardons par-dessus tout. La Fontaine a dit, dans une de ses
fables, à propos d'un âne qui se met à paître :

Point de chardons pourtant ; il s'en passa pour l'heure.

Et l'on a fait mille plaisanteries sur les sots «qui mériteraient
de manger des chardons ». Le fait est qu'un âne ne les re-
fuse point, quand ils sont jeunes et tendres ; mais on ne voit
pas qu'il les préfère à d'autres herbes.

[6] « Un berger. » *Pasteur* vient du verbe *paître*, qu'on
écrivait autrefois *paistre*. « Paître, pâture, pâturer, pâturage, pasteur » sont des mots qui ont la même *racine*, c'est-
à-dire la même origine. — On s'est figuré que les bergers
ont plus de loisirs que d'autres ouvriers, et qu'ils peuvent se
permettre mille amusements. Les poètes se sont plu à nous
présenter des tableaux séduisants de la vie pastorale ; ils
supposent les bergers occupés de chant et de poésie ; ils en
font d'agréables rêveurs, mais ces tableaux mêmes sont des
rêves. A tout prendre, la condition des laboureurs, et même
des artisans de nos jours, est bien préférable à celle des bergers d'autrefois.

[7] « Bois. »

Les voilà tous, bouche béante[8],
Admirant un grand sot[9] qui sue et se tourmente
  A souffler dans un petit trou.
C'est par de tels efforts qu'on parvient à leur plaire[10].
Tandis que moi... Suffit[11]... Allons-nous-en d'ici,
  Car je me sens trop en colère. »
  Notre âne, en raisonnant ainsi,
Avance quelques pas, lorsque sous la fougère[12]
Une flûte oubliée en ces champêtres lieux[13]
Se trouve sous ses pieds. Notre âne se redresse[14].
Sur elle de côté fixe ses deux gros yeux;
Une oreille en avant[15], lentement il se baisse,
Applique son naseau[16] sur le pauvre instrument[17],

---

[8] « La bouche ouverte » selon la mauvaise habitude de plusieurs personnes, quand elles prêtent une vive attention à quelque chose.

[9] Personne n'est plus disposé que les sots à taxer les autres de sottise.

[10] « Voilà donc ce qu'il suffit de faire pour plaire à ces gens-là ! »

[11] Il n'achève pas, parce que la colère lui étouffe la voix. Qu'est-ce qu'il aurait dit sans cela ? Que son braiement est infiniment préférable au son de la flûte.

[12] Sorte de plante dont les feuilles sont extrêmement dentelées, et qui croît ordinairement dans les terrains sablonneux.

[13] « Dans ces campagnes. »

[14] « Il relève la tête. »

[15] La mobilité des longues oreilles de l'âne est très-grande, vous le savez; les différentes positions qu'il leur fait prendre donnent à sa tête des expressions très-variées, et souvent très-comiques.

[16] Le *naseau* est proprement l'une des ouvertures du nez chez l'animal. On prend ici le naseau pour le nez tout entier, ou plutôt on dit *son naseau* pour « *un de ses naseaux* ».

[17] *Le pauvre instrument!* On le plaint d'être livré à un si mauvais musicien.

Et souffle tant qu'il peut[18]. O hasard incroyable[19]!
    Il en sort un son agréable.
    L'âne se croit un grand talent[20],
Et tout joyeux s'écrie en faisant la culbute[21] :
    « Eh ! je joue aussi de la flûte ! »

Nous nous étendrons peu en réflexions sur cette fable
amusante. Trop de gens se sont occupés des sots, et
leur ont fait des leçons. Chacun se croit sage, et croit
les autres insensés ; chacun *voit la paille dans l'œil du
prochain, et ne voit pas la poutre qui est dans le sien.*

Pour qu'une fable, si jolie et si finement contée, fût
réellement profitable, il faudrait au contraire que le
lecteur, au lieu de l'appliquer à son voisin, eût assez de
modestie pour ne s'occuper que de lui-même en la li-
sant. Il dirait : « Ne suis-je point jaloux quelquefois
des talents que je n'ai pas? Ne pensé-je pas souvent que
je suis très-supérieur à des hommes qu'on admire? Ne
m'est-il pas arrivé de croire que je savais parfaitement
des choses dont j'avais à peine une connaissance légère? » Voilà comment nous devrions nous interroger
nous-mêmes, avec une franchise sévère, en réservant
l'indulgence pour autrui. Ce serait le moyen de ne pas
ressembler du tout au mangeur de chardons.

---

[18] Ce n'est pas en soufflant fort qu'on joue bien.

[19] Incroyable en effet, et bon à supposer dans une fable !
Il faut déjà une certaine habileté pour tirer de la flûte *un
son* agréable.

[20] Et il estime ce talent à un très-grand prix. C'est bien
le caractère du sot. Il méprise les choses dont il ne s'occupe
pas, et il croit exceller dans celles dont il s'occupe, ne fût-
il que le dernier des apprentis.

[21] Il fait un *saut*, un *bond*. Il serait incapable, vous le
devinez bien, de faire une véritable culbute.

22.

LE LÉOPARD ET L'ÉCUREUIL. (V, 9.)

Un écureuil [1] sautant, gambadant sur un chêne,
Manqua sa branche [2], et vint, par un triste hasard,
    Tomber sur un vieux léopard [3]
    Qui faisait sa méridienne [4].
Vous jugez s'il eut peur! En sursaut [5] s'éveillant,
    L'animal irrité se dresse;
    Et l'écureuil s'agenouillant,
Tremble et se fait petit [6] aux yeux de son altesse [7].
    Après l'avoir considéré,
Le léopard lui dit: « Je te donne la vie,
Mais à condition que de toi je saurai
Pourquoi cette gaîté, ce bonheur que j'envie,

---

[1] Si vous n'avez pas vu des écureuils dans les bois, vous en aurez vu peut-être dans ces cages tournantes, dans lesquelles on les tient quelquefois enfermés. Vous aurez pu remarquer que ce joli petit animal est d'une extrême vivacité. Il gambade, c'est-à-dire il saute dans les bois, de rameaux en rameaux, avec une grande légèreté.

[2] « La branche sur laquelle il voulait s'élancer. »

[3] Le léopard est un animal carnassier plus petit que le tigre ; sa peau est tachetée ; il vit en Afrique et en Asie.

[4] *Meridies* est un mot latin qui signifie *midi*. « Faire sa méridienne », c'est se livrer quelques moments au sommeil dans le milieu du jour, comme font certaines personnes par mollesse, ou par raison de santé, ou, pour prendre un repos nécessaire dans certaines professions très-pénibles, et dans certains climats très-chauds.

[5] « Brusquement et par l'effet d'une violente surprise. »

[6] Il prend une posture humble et suppliante. »

[7] Titre qu'on donne aux princes.

Embellissent tes jours, ne te quittent jamais,
  Tandis que moi, roi des forêts[8],
  Je suis si triste et je m'ennuie. —
  Sire, lui répond l'écureuil,
  Je dois à votre bon accueil
  La vérité ; mais, pour la dire,
Sur cet arbre un peu haut je voudrais être assis[9].
  —Soit, j'y consens[10] : monte. — J'y suis.
  A présent je veux vous instruire.
  Mon grand secret pour être heureux
  C'est de vivre dans l'innocence ;
L'ignorance du mal fait toute ma science ;
Mon cœur est toujours pur, cela rend bien joyeux.
Vous ne connaissez pas la volupté suprême[11]
De dormir sans remords[12] ; vous mangez les chevreuils,
Tandis que je partage à tous les écureuils[13]

---

[8] Le plus souvent c'est le lion que l'on présente comme le roi des forêts ; mais, s'il n'y a point de lion dans le voisinage, le léopard a pu s'emparer sans danger de la couronne.

[9] L'écureuil est prudent de vouloir se mettre en lieu sûr, avant de dire des vérités qui pourront déplaire.

[10] Le léopard a bien compris la finesse de l'écureuil, mais le petit animal s'est exprimé avec grâce, et le léopard a bien pris la chose ; il est, pour cette fois, de bonne humeur.

[11] « Le plaisir extrême. » *Suprême* exprime le degré le plus élevé d'une qualité ; il signifie aussi *dernier : il touche à son heure suprême*, c'est-à-dire « à sa dernière heure. »

[12] Ce qui suit explique la pensée de l'écureuil ; le léopard ne peut dormir sans remords, parce que chacun de ses jours est marqué par quelque meurtre,

[13] Ou plutôt « *avec* tous les écureuils, » car sans doute il en garde sa part. *Partager des fruits à des enfants* c'est les leur distribuer, sans en réserver pour soi.

Mes feuilles et mes fruits ; vous haïssez, et j'aime :
Tout est dans ces deux mots[14]. Soyez bien convaincu
De cette vérité que je tiens de mon père :
Lorsque notre bonheur nous vient de la vertu,
La gaîté vient bientôt de notre caractère[15]. »

Il est fort aimable ce petit écureuil ; sa morale est douce, elle est persuasive. Faites-en l'expérience ; vivez de sacrifices, soyez dévoués, généreux, bienveillants : vous reconnaîtrez que c'est le chemin du bonheur. C'est donc, à vrai dire, sans le chercher qu'on le trouve. Vous agissez sans calcul, mais la Providence a calculé pour vous, et ne vous paie jamais plus largement que lorsque vous n'avez point songé au salaire. Admirable dispensation ! vous avez le mérite du désintéressement et la douceur des meilleures récompenses.

23.

LA CHENILLE (V, 12.)

Un jour, causant entre eux, les divers animaux
Louaient beaucoup le ver à soie[1] :

[14] « Je n'ai pas besoin d'en dire davantage. Livré à la haine, vous devez être malheureux ; animé de sentiments affectueux, j'y trouve nécessairement le bonheur. »

[15] On peut dire la même chose en moins de mots : « Bonne conscience rend le cœur joyeux. »

[1] C'est l'insecte célèbre qui file ces cocons dont nous tirons la soie ; il fut apporté d'Asie en Europe au VIe siècle. L'éducation de ces insectes et la fabrication des étoffes de soie sont aujourd'hui une des industries les plus importantes de la France.

Quel talent, disaient-ils, cet insecte déploie[2]
En composant ces fils si doux, si fins, si beaux,
 Qui de l'homme font la richesse ! »
Tous vantaient son travail, exaltaient[3] son adresse.
Une chenille seule y trouvait des défauts,
Aux animaux surpris en faisait la critique ;
 Disait des *mais* et puis des *si*[4].
Un renard s'écria : « Messieurs, cela s'explique ;
 C'est que madame file aussi[5]. »

Le renard veut faire entendre par là que la jalousie de métier empêche la chenille de rendre une entière justice au ver-à-soie. Il est malheureusement vrai que cette jalousie est fort commune. Un vieux poète grec disait, il y a trois mille ans : « le potier porte envie au potier. » Et depuis, l'espèce humaine ne s'est pas corrigée.

Eloignez toujours de vos cœurs, jeunes amis, ce triste et lâche sentiment de l'envie ; bannissez-le surtout de vos salles d'étude, et que *l'écolier ne porte pas envie à l'écolier*. Aimez à rendre justice au mérite de vos camarades ; laissez le maître faire usage, selon son devoir, des *mais* et des *si*, et mêler à de justes éloges de justes critiques. Votre tâche est plus douce ; on vous souhaite, on vous aime indulgents ; et c'est ainsi que vous serez satisfaits de vous-mêmes. L'envieux se ronge le cœur.

---

[2] « Montre. »

[3] « Célébraient, vantaient. »

[4] *Mais... si.* Ces petits mots annoncent des critiques, des objections. « Le ver à soie a des talents, mais, » etc. « Je le trouverais admirable, si », etc. Les *mais* et les *si* sont très-redoutés des personnes qui voudraient qu'on les approuvât entièrement.

[5] « Madame la chenille est une fileuse, comme le ver à soie. »

24.

LE HÉRISSON [1] ET LES LAPINS. (V, 17.)

Il est certains esprits d'un naturel hargneux [2],
    Qui toujours ont besoin de guerre [3];
Ils aiment à piquer, se plaisent à déplaire,
Et montrent pour cela des talents merveilleux [4].
    Quant à moi, je les fuis sans cesse:
Eussent-ils tous les dons et tous les attributs [5],
J'y veux de l'indulgence et de la politesse;
    C'est la parure des vertus.

    Un hérisson, qu'une tracasserie [6]
    Avait forcé de quitter sa patrie [7],

---

[1] Plusieurs d'entre vous connaissent le hérisson, et diront à leurs camarades quel est ce singulier animal *hérissé* de piquants, au lieu de poils, et qui, s'il se voit menacé, se roule sur lui-même en peloton, cachant son museau sous son ventre, et n'offrant de tous côtés que des pointes aiguës. En cet état, les chiens les plus hardis ne peuvent le mordre. Florian lui fait jouer ici un assez triste rôle; mais il s'est conformé au proverbe; on dit souvent d'un homme d'humeur triste et querelleuse : « C'est un hérisson; on ne sait par où le prendre. »

[2] « D'un caractère chagrin, querelleur, insociable. »

[3] « Qui ne peuvent se passer de guerre, » y trouvant un funeste plaisir.

[4] Expression ironique, c'est-à-dire moqueuse. Ce sont là en effet de tristes talents, et bien peu dignes d'admiration.

[5] « Toutes les qualités. ». Il s'agit ici de bonnes qualités.

[6] « Un démêlé, une querelle. »

[7] « La république des hérissons. » Nous avons vu souvent dans La Fontaine cette supposition badine qui crée chez les animaux des sociétés pareilles à celle des hommes.

Dans un grand terrier [8] de lapins
Vint porter sa misanthropie [9].
Il leur conta ses longs chagrins,
Contre ses ennemis exhala bien sa bile [10],
Et finit par prier les hôtes souterrains [11]
De vouloir [12] lui donner asile.
« Volontiers, lui dit le doyen [13] :
Nous sommes bonnes gens [14], nous vivons comme frères,
Et nous ne connaissons ni le tien ni le mien;
Tout est commun ici [15] : nos plus grandes affaires

---

[8] Souterrain creusé par les lapins eux-mêmes, pour leur servir de logement et de refuge.

[9] Ce mot, tiré du grec, signifie *haine des hommes*, et, en général, *disposition au mécontentement, humeur chagrine.*

[10] *Exhaler* c'est « répandre hors de soi »; la rose, par exemple *exhale* une odeur agréable. La *bile* est une humeur qui se forme dans le foie. On a supposé qu'elle avait de l'influence sur l'état de l'âme, et que, dans certaines circonstances, elle produisait en nous la *colère* : de là on emploie quelquefois le mot *bile* dans ce sens. *Exhaler sa bile contre ses ennemis*, c'est donc « exprimer vivement sa colère contre eux ».

[11] Voyez première partie, p. 98, note 9. *Les hôtes souterrains*, agréable *périphrase*, c'est-à-dire « expression détournée » pour désigner les lapins.

[12] « De vouloir bien... »

[13] Chez les hommes on appelle *doyen* le plus ancien en réception, ou le supérieur, dans un corps, dans une compagnie. Quelquefois on nomme ainsi la personne la plus âgée d'entre plusieurs. C'est donc ici le plus vieux de ces lapins.

[14] « Nous sommes *de* bonnes gens. »

[15] Cela n'est pas exact, même en parlant des animaux. Qu'une poule essaie de disputer à une autre poule ses poussins : vous verrez un beau combat ! Il est vrai que, chez les animaux, les liens de famille ne durent que jusqu'au terme de l'éducation. Quand elle est finie, la couvée prend l'essor, la portée des lapins, des souris, se disperse, et, dès ce mo-

Sont d'aller, dès l'aube du jour,
Brouter le serpolet [16], jouer sur l'herbe tendre :
Chacun, pendant ce temps, sentinelle à son tour,
Veille [17] sur le chasseur qui voudrait nous surprendre;
S'il l'aperçoit, il frappe [18], et nous voilà blottis [19].
    Avec nos femmes, nos petits,
    Dans la gaîté, dans la concorde,

---

ment, père, mère, enfants et frères ne se connaissent plus. Chacun ne vit plus que pour soi; seulement, chez les animaux qui vivent en société, comme les fourmis, les abeilles, chacun travaille pour la communauté. Au fond, il en est de même chez les hommes dans toute société bien policée; mais Dieu a voulu que chez eux les liens de famille durassent toute la vie; il a voulu que l'homme chérît d'une façon toute particulière des parents, des frères et des sœurs, des fils et des filles. Nouvel aiguillon pour l'industrieuse activité ! En procurant le bien de cette petite société, on fait celui de l'État tout entier. On élève des enfants afin de perpétuer sa durée; on tâche d'amasser quelque bien, parce qu'on peut les laisser orphelins de bonne heure, et qu'il serait fâcheux pour l'Etat d'avoir la charge de les entretenir.

Ainsi naissent chez les hommes le droit de propriété et d'héritage. Cela n'empêche pas que, chez les chrétiens, tout homme ne se croie obligé par la loi divine de partager avec ses frères infirmes et pauvres. De là tant d'hôpitaux, d'asiles, de crèches et d'autres établissements de secours et de bienfaisance. La loi civile proclamant l'égalité et la fraternité, déjà fondées par l'Evangile, nous verrons, il faut l'espérer, les hommes vivre comme frères, *chacun aimant son prochain comme soi-même, et faisant pour autrui comme il voudrait que l'on fît pour lui.*

[16] Petite plante aromatique, dont les lapins sont, dit-on, très-friands.

[17] « Fait le guet, pour observer les chasseurs. »

[18] Vivement, des pieds de derrière. Cette habitude est bien connue de tous les enfants qui ont possédé quelques lapins.

[19] « Cachés dans le terrier. »

Nous passons les instants que le ciel nous accorde.
     Souvent ils sont prompts à finir ;
Les panneaux [20], les furets abrégent notre vie,
     Raison de plus pour en jouir.
Du moins, par l'amitié, l'amour et le plaisir,
Autant qu'elle a duré, nous l'avons embellie [21] :
     Telle est notre philosophie [22].
Si cela vous convient, demeurez avec nous,
     Et soyez de la colonie [23] ;
Sinon, faites l'honneur à notre compagnie
D'accepter à dîner, puis retournez chez vous. »
     A ce discours plein de sagesse,
Le hérisson repart [24] qu'il sera trop heureux
     De passer ses jours avec eux.
     Alors chaque lapin s'empresse
     D'imiter l'honnête doyen
     Et de lui faire politesse [25].
     Jusques au soir tout alla bien.
Mais lorsqu'après souper la troupe réunie

---

[20] Filets pour prendre les lièvres et les lapins.

[21] Voyez *le Lapin et la Sarcelle*, page 55, note 32.

[22] « Notre manière de comprendre et de pratiquer la sagesse, » et certes il n'y a rien là de condamnable. Au reste, nous n'avons pas besoin de vous dire que la vie des hommes est plus sérieuse que celle des lapins ; le plaisir ne nous est pas défendu, mais le travail nous est ordonné.

[23] Une colonie est un établissement nouveau, fondé en pays étranger par un grand nombre de personnes qui ont émigré de leur patrie. Les Etats-Unis d'Amérique furent dans l'origine des colonies anglaises, l'Algérie est une colonie de la France. Ici le mot *colonie* signifie, en général, un Etat.

[24] « Répond. »

[25] « De faire politesse au lapin. » Le sens est clair, quoique, selon la grammaire, *lui* semble se rapporter au doyen.

Se mit à deviser[26] des affaires du temps,
    Le hérisson de ses piquants
Blesse un jeune lapin[27]. «Doucement, je vous prie,
    Lui dit le père de l'enfant.
    Le hérisson, se retournant,
En pique deux, puis trois, et puis un quatrième[28].
On murmure, on se fâche, on l'entoure en grondant.
« Messieurs, s'écria-t-il, mon regret est extrême[29];
Il faut me le passer[30], je suis ainsi bâti,
    Et je ne puis pas me refondre[31]. —
Ma foi, dit le doyen, en ce cas, mon ami,
    Tu peux aller te faire tondre.

Nous conviendrons qu'en effet il est difficile au hérisson d'être autre chose que ce qu'il est ; mais les caractères chagrins et querelleurs, que Florian a voulu
peindre sous cet emblème, peuvent heureusement se

---

[26] « Causer, raisonner. »

[27] Le hérisson ne sait pas se gêner longtemps. En se met-
tant à son aise, il heurte et blesse son voisin.

[28] Il est peut-être offensé du reproche, et ses mouvements
en deviennent plus vifs et moins mesurés.

[29] Il ne parle pas sincèrement. S'il était capable d'un *extrême regret*, il l'aurait été d'une assez grande attention
pour ne blesser personne.

[30] « Il faut me le pardonner. » Ne demandons jamais qu'on
supporte nos défauts : prions plutôt qu'on nous en avertisse.
De quel droit demander le privilége d'être supporté, quand
on est insupportable ? Tu dis : « Je suis ainsi fait ? » La belle
raison ! Si tu as les poils piquants, nous avons la peau tendre.
Nous sommes ainsi faits, nous aussi, et nous avons les
mêmes droits à être ménagés.

[31] « Je ne puis pas me changer, me transformer. » On
refond un vase d'argent ou d'étain, par exemple, pour lui
donner une meilleure forme.

corriger. Il n'y a pas de défaut si tenace que la bonne volonté de s'amender ne diminue et ne fasse enfin disparaître. Quiconque veut passer sa vie au milieu des hommes doit travailler à se rendre au moins supportable. On aurait le droit de lui demander mieux, et il peut s'attendre que, s'il ne fait pas même ce léger effort en faveur de ses frères, ils l'enverront *se faire tondre*, et peut-être se chargeront-ils de le tondre eux-mêmes, c'est-à-dire de lui enlever ses moyens de nuire.

25.

LE CHIEN COUPABLE. (V, 19.)

« Mon frère, sais-tu la nouvelle?
Mouflar, le bon Mouflar, de nos chiens le modèle,
Si redouté des loups, si soumis au berger,
      Mouflar vient, dit-on, de manger [1]
Le petit agneau noir, puis la brebis sa mère,
Et puis sur le berger s'est jeté furieux. —
      Serait-il vrai ?— Très-vrai, mon frère. —
      A qui donc se fier [2] ? grands dieux ! »
C'est ainsi que parlaient deux moutons dans la plaine,
      Et la nouvelle était certaine.
      Mouflar, sur le fait même pris [3],
      N'attendait plus que le supplice ;
Et le fermier voulait qu'une prompte justice

---

[1] « Il vient de tuer, de déchirer, » etc. On ne suppose pas, en effet, qu'un chien puisse manger d'un seul repas un agneau et une brebis.

[2] « Sur la vertu de qui pouvons-nous compter? »

[3] « Pris en flagrant délit, » selon l'expression consacrée.

Effrayât les chiens du pays.
La procédure en un jour est finie.
Mille témoins pour un [*] déposent l'attentat [5] :
Récolés [6], confrontés [7], aucun d'eux ne varie [8] ;
Mouflar est convaincu du triple assassinat :
Mouflar recevra donc deux balles dans la tête
  Sur le lieu même du délit [9].
   A son supplice qui s'apprête
  Toute la ferme se rendit [10].
Les agneaux de Mouflar demandèrent la grâce [11] ;
Elle fut refusée. On leur fit prendre place [12] :
   Les chiens se rangèrent près d'eux,

---

[*] « Un seul suffirait peut-être, et l'on en trouve mille, » c'est-à-dire un très-grand nombre.

[5] *Déposent l'attentat :* expression incorrecte, pour « déposent *de* l'attentat. » Un *attentat* est une *atteinte* hardie et criminelle aux lois d'un pays.

[6] *Récoler* un témoin c'est lui lire la déposition qu'il a faite, pour voir s'il y persévère.

[7] *Confronter* des témoins c'est les placer en présence les uns des autres, par-devant le juge, afin de tirer de nouvelles lumières des débats qui peuvent s'élever entre eux, sur leurs déclarations souvent contradictoires.

[8] « Aucun ne se dément, ne se rétracte, et ne dit autre chose que ce qu'il a d'abord déclaré. »

[9] « Dans l'endroit même où le crime a été commis, » afin de rendre l'exemple plus solennel.

[10] La correction grammaticale voudrait *se rend*, parce que l'autre verbe (*s'apprête*) est au présent ; mais on dirait bien : « A son supplice qui *s'apprêtait* toute la ferme se *rendit*. »

[11] « Les agneaux demandèrent la grâce de Mouflar.» Inversion.

[12] Leur présence était peut-être moins nécessaire que celle des chiens à cet affreux spectacle. Florian a voulu peindre ici la scène terrible d'une exécution à mort, selon les lois militaires.

Tristes, humiliés, mornes [13], l'oreille basse [14],
Plaignant, sans l'excuser, leur frère malheureux.
Tout le monde attendait dans un profond silence.
Mouflar paraît bientôt, conduit par deux pasteurs:
Il arrive ; et, levant au ciel ses yeux en pleurs,
   Il harangue ainsi l'assistance [15] :
« O vous qu'en ce moment je n'ose et je ne puis
Nommer, comme autrefois, mes frères, mes amis,
   Témoins de mon heure dernière,
Voyez où peut conduire un coupable désir !
De la vertu quinze ans j'ai suivi la carrière,
   Un faux pas [16] m'en a fait sortir.
Apprenez mes forfaits [17]. Au lever de l'aurore,
Seul, auprès du grand bois, je gardais le troupeau;
   Un loup vient, emporte un agneau,
   Et tout en fuyant le dévore.
Je cours, j'atteins le loup, qui, laissant son festin [18],
   Vient m'attaquer : je le terrasse [19],
   Et je l'étrangle sur la place.
C'était bien jusque-là : mais, pressé par la faim,
De l'agneau dévoré je regarde le reste,
J'hésite, je balance... A la fin, cependant,

---

[13] *Humiliés*, comme étant de la même espèce que le criminel ; *mornes*, c'est-à-dire « sombres, abattus ».

[14] « L'oreille pendante, baissée ; » signe de honte et de confusion.

[15] « Les assistants, l'assemblée. »

[16] « Une faute, un oubli d'un moment, qui l'a fait *broncher* dans la carrière, dans le chemin de la vertu. »

[17] « Mes crimes. » Tout ce discours est fort touchant ; mais on trouvera que le ton en est bien solennel, et que le pauvre Mouflar parle comme un grand orateur.

[18] « Sa proie. »

[19] « Je l'étends par terre. »

J'y porte une coupable dent[20].
Voilà de mes malheurs l'origine funeste[21].
    La brebis vient dans cet instant,
    Elle jette des cris de mère[22]...
La tête m'a tourné[23], j'ai craint que la brebis
Ne m'accusât d'avoir assassiné son fils[24] ;
    Et pour la forcer à se taire[25],
    Je l'égorge dans ma colère[26].
Le berger accourait[27] armé de son bâton.
    N'espérant plus aucun pardon,
Je me jette sur lui[28] : mais bientôt on m'enchaîne,

---

[20] La chair de l'agneau pouvait être mangée, quoiqu'il
eût été égorgé par le loup. Le devoir du chien était donc
d'avertir son maître. D'ailleurs il n'était pas convenable que
le vengeur de l'agneau le dévorât sur-le-champ, et profitât
du crime. Ajoutons que Mouflar agissait en cela imprudem-
ment, et vous en aurez d'abord la preuve.

[21] Encore un vers trop pompeux. « Voilà ce qui m'a
perdu. »

[22] Belle expression. « Des cris tels qu'une mère en jettera
toujours dans un cas pareil. »

[23] « Je me suis troublé, j'ai perdu la tête, la présence
d'esprit. »

[24] Le loup gisant près de là aurait justifié Mouflar ; mais
il n'y songe plus, il se trouble, parce qu'il se sent d'ailleurs
coupable. La seule innocence est toujours calme, toujours
maîtresse d'elle-même.

[25] Trop souvent on a fait un grand mal pour en cacher un
petit.

[26] « Emporté par la colère. »

[27] Pour défendre la brebis.

[28] C'était encore un témoin dont il fallait se débarrasser.
Vous direz que Mouflar ne tue pas le berger ; mais il n'en
est pas moins coupable à son égard d'une tentative de meurtre, et Florian aurait pu dire plus haut, avec exactitude,

    « Mouflar est convaincu du *triple* assassinat, »

Et me voici prêt à subir
De mes crimes la juste peine.
Apprenez tous du moins, en me voyant mourir,
Que la plus légère injustice [29]
Aux forfaits les plus grands peut conduire d'abord;
Et que, dans le chemin du vice[30],
On est au fond du précipice,
Dès qu'on met un pied sur le bord. »

Vous terminez la lecture de Florian par une des plus graves et des plus salutaires leçons qu'il vous ait données. Loin de nous, jeunes amis, la pensée funeste que vous soyez jamais entraînés aux forfaits, même par imprudence ! Mais, sans aller jusque-là, vous pouvez tomber dans des fautes graves, pour n'avoir pas évité scrupuleusement les fautes légères. Les fautes légères? On pourrait demander s'il y en a qui méritent ce nom. On a vu des sages païens affirmer que tout péché était grave : l'Evangile ne pouvait pas être plus indulgent pour le mal que le paganisme. Jésus nous a dit : « Si quelqu'un viole la loi en un seul point, c'est comme s'il

s'il était également vrai qu'il eût égorgé l'agneau; mais c'est à cet égard que l'auteur ne s'est pas exprimé avec une entière justesse : Mouflar ne peut être *convaincu* d'un crime dont il n'est cas coupable.

[29] « La plus légère faute. »

[30] On a souvent parlé du *chemin du vice*, du *chemin de la vertu*, comme on parle du *chemin de la vie*, et comme la vie elle-même est souvent nommée une *carrière*, c'est-à-dire un espace à parcourir. Ces expressions n'ont pas besoin d'être expliquées; l'esprit se prête à ces images sensibles ; on croit voir les hommes cheminant ici-bas du berceau vers la tombe, les uns en suivant le droit sentier de la vertu, les autres en s'égarant dans les voies tortueuses du vice, qui mènent aux abîmes.

les avait tous violés. » Sainte et sévère doctrine, mais digne de créatures faites à l'image de Dieu !

Soyez donc pénétrés de l'horreur du mal, formez-vous une conscience toujours plus délicate ; tremblez de faire le premier pas dans la mauvaise route, et dites-vous, quand vous seriez tentés de vous écarter un peu du devoir : « Ainsi commencèrent les grands criminels. »

Après avoir puisé dans les fables de Florian d'utiles enseignements, demandons à d'autres fabulistes s'ils n'ont pas aussi quelques leçons à nous donner ; car nous devons chercher partout la sagesse.

FIN DES FABLES CHOISIES DE FLORIAN.

26.

L'ENFANT ET LES NOISETTES.

Un jeune enfant (je le tiens d'Epictète [1]),
    Moitié gourmand et moitié sot [2],
    Mit un jour sa main dans un pot,
Où logeait mainte figue avec mainte noisette.
Il en emplit sa main tant qu'elle en peut tenir,
Puis veut la retirer ; mais l'ouverture étroite [3]
    Ne la laisse point revenir.
Il n'y sait que pleurer [4]. En plainte il se consomme [5];
Il voulait tout avoir et ne le pouvait pas.
    Quelqu'un lui dit, et je le dis à l'homme [6],
N'en prends que la moitié, mon ami ; tu l'auras.

LAMOTTE.

---

[1] Célèbre philosophe grec, dont il nous reste un livre fort court, mais plein de belles pensées. Il enseignait aux hommes à souffrir la douleur et à se contenter de peu.

[2] Ainsi son caractère se serait composé uniquement de ces deux défauts ; l'auteur a plutôt voulu dire : « Aussi sot qu'il était gourmand. »

[3] On pouvait prononcer autrefois *étraite*, et faire rimer ce mot avec *noisette*.

[4] « L'enfant, dans cet embarras, ne sait faire autre chose que de pleurer, » ce qui est fort inutile.

[5] Pour « Il se consume, il s'épuise à se plaindre ».

[6] Avec raison, car les hommes veulent souvent trop gagner à la fois, et ils ont sujet de s'en repentir. Voyez plutôt la *Poule aux œufs* d'or, première partie, page 74.

Outre la gourmandise et la sottise, il faut reprocher au petit mangeur de noisettes la folle impatience. Quand il s'aperçoit que la main pleine ne peut sortir du pot, il se désole, il pleure; il ne sait pas faire autre chose. Que d'enfants ont donné un pareil spectacle à leurs alentours ! La moindre contrariété leur arrache des larmes. Laissons-les pleurer, sans nous fâcher nous-mêmes ; la nécessité et leurs propres réflexions les corrigeront mieux que nous.

27.

LES DEUX MATINS ET LE LOUP.

S'étant rencontrés dans les champs,
Deux mâtins[1] se faisaient la guerre,
Se déchiraient à belles dents,
De leur sang arrosant la terre.
Tranquille au bord d'un bois, le loup les voyait
Et se félicitait de cet événement.   [faire,
« L'un des deux, disait-il, périra sûrement;
L'autre, mis aux abois[2], ne résistera guère,
Quand j'irai l'attaquer, frais, après leur combat;
Ce sera pour moi double plat[3]. »

---

[1] Espèce de chiens de garde. Il y en a de gros et de petits.

[2] *Être aux abois* se dit proprement du cerf qui n'en peut plus, pour avoir été longtemps poursuivi par les chiens et les chasseurs ; mais on le dit aussi figurément d'autres animaux, et même d'une personne qui se trouve dans une fâcheuse extrémité.

[3] Il mangera le chien déjà vaincu, et celui qu'il aura tué lui-même.

Mais il n'en tâta point : ce fut chance perdue[4].
Un des deux champions[5] ayant jeté la vue
　　　Vers le bois, dit à son rival[6] :
« Que faisons-nous ici ? C'est l'entendre bien mal[7]!
　　Ne vois-tu pas cette maligne bête
　　　A fondre[8] sur nous toute prête ?
Attentive à nous voir ainsi nous déchirer,
　　Elle viendra bientôt nous dévorer. »
　　　La réflexion était sage :
　　　Il n'en fallut pas davantage
Pour faire ouvrir les yeux[9] à l'autre combattant.
　　　Animés d'une ardeur égale,
　　　Tous deux s'élancent à l'instant,
　　　Et courent au loup qui détale[10]

---

[4] « Ce loup perdit la chance, l'espérance qu'il avait eue de faire un bon repas. »

[5] « Combattants. »

[6] Plus correctement: *à son ennemi, à son adversaire.*

[7] « Nous entendons bien mal nos intérêts. »

[8] *Fondre* signifie proprement tomber, se lancer impétueusement de haut en bas, ainsi *l'orage fond sur la terre, le vautour fond sur sa proie;* mais on emploie aussi ce mot pour exprimer toute attaque impétueuse: *la cavalerie fondit sur les ennemis.*

[9] « Pour faire *voir* à l'autre combattant son véritable intérêt. » On exprime souvent les actes de l'intelligence par les mots qui désignent les opérations des sens. Ces chiens étaient *aveuglés* par la colère; la réflexion les rend *clairvoyants.*

[10] *Détaler* veut dire proprement *enlever l'étalage*, comme font, le soir, les marchands, les artisans, quand ils veulent fermer leur magasin, leur atelier, pour *se retirer* chez eux, ce qu'ils font souvent avec un empressement marqué; de là, *détaler* signifie aussi *s'éloigner promptement.*

Tout au plus vite et ne s'en fait prier [11] ;
Aux risques du combat il n'ose se fier [12].

GROZELIER.

C'est l'accord des bons qui fait leur sûreté contre les méchants. Ceux-ci ne s'entendent que trop bien à profiter de la désunion des gens honnêtes, entre lesquels ils savent même exciter des discordes et des guerres, afin de *fondre* sur les combattants fatigués, comme le loup sur sa proie. Heureux les bons, si la réflexion leur *ouvre les yeux* assez vite, les rapproche, et les réunit contre l'ennemi commun! Plus heureux, s'ils pouvaient l'apaiser et lui inspirer des sentiments de paix et de bienveillance!

28.

LES DEUX POTIERS.

Certain potier blâmait [1] l'ouvrage
D'un potier, son voisin, et disait que ses pots
Mal tournés [2] ne seraient achetés que des sots,
Qu'il n'en était encor qu'à son apprentissage ;
Les uns étaient trop grands, les autres trop petits [3].

---

[11] Tour poétique, pour : *Ne s'en fait pas prier.*

[12] « Se risquer, se hasarder. »

[1] Plus correctement : « Critiquait. »

[2] Cette expression est prise ici dans son sens propre, puisque le potier travaille à l'aide d'une sorte de *roue* sur laquelle il fait tourner le vase : selon que l'ouvrier est habile ou maladroit, l'ouvrage est donc *bien* ou *mal tourné* ; mais souvent on dit figurément, en parlant d'une personne, qu'elle est *bien tournée*, qu'elle est faite au tour.

[3] Trop grands ! trop petits ! Quelle critique vaine et capri-

Celui-ci repartit : Halte là, mon confrère !
Mes pots n'ont qu'un défaut, mais qui doit vous déplaire,
C'est que de votre moule ils ne sont point sortis.

RICHER.

Cette courte fable renferme un grand sens. Elle nous
représente ces gens d'un naturel jaloux qui ne veulent
reconnaître aucun talent chez les personnes de leur
état. Jalousie de métier, vieille et grave maladie ! Tâ-
chons de nous en préserver, mes jeunes amis ! Elle
rend l'homme malheureux et méprisable. Il s'honore,
au contraire, en rendant noblement justice à ses confrères. Comparez cette fable avec la *Chenille*, page 76.

29.

LES BERGERS.

Guillot criait au loup ! un jour par passe-temps [1].
Un tel cri mit l'alarme aux champs.
Tous les bergers du voisinage
Coururent au secours. Guillot se moqua d'eux.
Ils s'en retournèrent honteux [2],
Pestant [3] contre Guillot et son vain [4] badinage.

cieuse ! Encore faudrait-il savoir à quel usage on les a destinés, avant de se prononcer sur ce point ; mais les médisants
sont aussi sujets à manquer de bon sens que de charité.

[1] « Pour passer le temps, » pour rire aux dépens des voisins charitables qui viendraient à son secours.

[2] Était-ce à eux de ressentir la honte ? Il est honorable
quelquefois d'être la dupe des menteurs. Qui ne croit pas au
mensonge en est incapable lui-même

[3] « Se fâchant. »

[4] Et *coupable*.

Mais rira bien, dit-on, qui rira le dernier[5].
Deux jours après, un loup, avide de carnage,
  Un véritable loup cervier [6],
  Malgré Guillot et son chien faisait rage[7],
  Et se ruait[8] sur le troupeau.
« Au loup! s'écria-t-il, au loup!» Tout le hameau
  Rit à son tour. « A d'autres[9], je vous prie,
  Répliqua-t-on, l'on ne nous y prend plus [10].»
Guillot le goguenard[11] fit des cris superflus[12].
  On crut que c'était fourberie[13] ;
Et le loup désola[14] toute la bergerie.

  Il est dangereux de mentir
  Même en riant, et pour se divertir.

         RICHER.

On pourrait se dispenser d'ajouter aucune réflexion à cette fable, qui présente aux menteurs une des meilleures, des plus justes et des plus vives leçons qu'on leur ait jamais données.

Elle enseigne particulièrement le danger de ces mensonges qu'on fait *pour rire*, et que se permettent quelquefois des personnes d'ailleurs incapables de mentir

---

5 Voyez plus haut, page 64, note 15.
6 Espèce de loup que l'on croit être le même que le lynx.
7 « Exerçait sa rage, sa fureur. »
8 « Se précipitait. »
9 « Adressez-vous à d'*autres* que nous, si vous cherchez des dupes. »
10 « On ne nous y attrape plus. »
11 « Le railleur, le mauvais plaisant. »
12 « Inutiles. »
13 « Tromperie, mensonge. »
14 « Dévasta, ravagea. »

sérieusement: on croit pouvoir faire une attrape, une malice à quelqu'un, le prendre pour dupe, mais ces badinages ont souvent des suites fâcheuses; d'ailleurs, cette mauvaise habitude une fois prise, on s'accoutume à respecter moins la vérité dans la vie ordinaire; on se plaît à la feinte, et ce qui plaît finit par devenir nécessaire.

30.

L'AGNEAU ET LA CHÈVRE.

Un pauvre agneau, par un sort déplorable[1],
De sa mère en naissant se vit abandonné;
　　Mais une chèvre charitable
Recueillit, allaita le pauvre infortuné,
　　Comme si d'elle il était né.
L'agneau, reconnaissant, aux champs comme à l'étable
La suivait avec soin. « Tu te méprends[2], Thibaut,
Lui dit un chien, prends garde au poil et considère[3].
La chèvre que tu suis ne fut jamais ta mère[4].
— Je sais ce que je fais, répondit-il tout haut[5],
Et n'examine point comment ma mère est faite.
Ma véritable mère est celle qui m'allaite. »

DUCERCEAU.

[1] « Digne d'être *pleuré*, digne de pitié. »
[2] « Tu te trompes, tu fais une *méprise*, tu *prends* une personne pour une autre. »
[3] Ce verbe s'emploie ordinairement avec un complément direct: « Considère ton erreur. »
[4] Simplement: *N'est pas ta mère.*
[5] Le chien a parlé mystérieusement, à l'oreille de l'agneau peut-être; l'agneau répond *tout haut :* il n'est pas fâché que sa bienfaitrice l'entende.

Un agneau abandonné par sa mère! Ce n'est guère la
coutume des brebis d'abandonner leurs nourrissons; et
nous devons avouer, hélas! avec douleur, qu'en revanche
il y a parmi nous des mères, des parents assez déna-
turés pour délaisser leurs enfants! Heureusement la charité vient au secours de ces pauvres petites créatures.
Le crime des uns excite la vertu des autres. Qui ne
connaît saint Vincent de Paul, le zélé protecteur de
l'enfance abandonnée? Qui n'a entendu parler de ces
hospices où elle est *recueillie, allaitée*, élevée avec tant
de soins et d'humanité? Eh bien, trouverez-vous déraisonnable un enfant qui s'attache, comme à ses véri-
tables parents, aux personnes qui l'ont élevé dans ces
maisons charitables? Vous l'approuverez au contraire;
vous direz qu'il fait preuve par là d'un bon esprit autant que d'un bon cœur.

31.

L'OURS ET LES MOUCHES A MIEL[1].

Un ours friand[2], délicat[3], susceptible[4],
　(Sa nourrice l'avait gâté)
Un jour par un instinct naturel, mais risible,
Voulut manger du miel[5]: ce mets l'avait tenté.
　Parmi le thym[6] et la lavande[7],

---

[1] Les abeilles.

[2] « Qui aimait la bonne chère. »

[3] « Ami de ce qui flattait ses sens, et redoutant avec excès
la souffrance et la gêne. »

[4] C'est-à-dire que peu de chose suffisait pour le blesser.

[5] En effet l'ours est friand de miel, et l'on peut trouver
ce goût singulier, *risible*, chez un animal à qui une chère si
délicate semble peu convenir.

[6] Voyez plus haut, page 8, note 1.

[7] Plante aromatique portant de petites fleurs bleues qui
viennent en épis.

Des ruches étaient là ; notre gros étourdi,
 N'écoutant rien dans sa fureur gourmande,
S'élance et les abat, par l'espoir enhardi[8].
Les rayons[9] détachés[10] sont épars[11] sur la terre ;
 Et voilà mon ours enchanté ;
Mais à peine il jouit[12], tout l'essaim irrité
 Fond[13] sur la bête téméraire,
La pique à l'œil, au col, à l'oreille, au museau,
Se cramponne aux endroits qui sont les plus sensibles ;
 Et, recruté[14] par un essaim nouveau,
La perce, en murmurant, de dards imperceptibles[15].

-Apprenons de cet ours[16] à régler[17] nos désirs :
Les conseils de l'instinct[18] sont quelquefois nuisibles,
Et souvent la douleur naît du sein des plaisirs.

DORAT.

Vous trouvez d'abord dans cette fable une leçon

---

[8] « Rendu hardi par l'espérance. » L'espérance excite, fortifie le désir, et le désir peut nous rendre téméraires.

[9] Ou *gâteaux de miel*, que les campagnards connaissent bien, et que l'on voit souvent étalés chez les épiciers qui vendent du miel non coulé.

[10] « Tombés, enlevés de la ruche. »

[11] « Dispersés. »

[12] « A peine est-il en train de se régaler. »

[13] « Se précipite. » Voyez page 91, note 8.

[14] « Renforcé, » comme des troupes en campagne, à qui il arrive des *recrues*.

[15] « Si petits que l'œil ne les aperçoit pas ; » mais on les sent bien !

[16] « Par l'exemple de cet ours. »

[17] « Modérer. »

[18] *Instinct :* voyez première partie, p. 31, note 30.

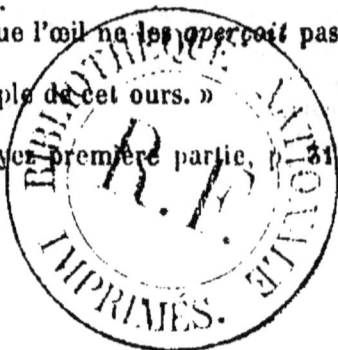

6

contre la gourmandise, et, s'il est vrai que les enfants y soient sujets comme les ours, vous apprendrez de celui-ci qu'en cédant à cette passion vous courez des dangers de plus d'un genre.

Mais le poète a voulu étendre nos vues plus loin, et montrer, en nous offrant l'exemple d'un gourmand, qu'on s'expose toujours, en cherchant la satisfaction d'un désir coupable.

Au reste, cet ours, qui nous est ici présenté comme un gourmand, est en même temps un brigand et un voleur. Il veut se régaler de miel : passe encore pour cela; mais il ne faudrait pas le dérober et piller les ruches des pauvres abeilles. Celles-ci, en se défendant avec leurs aiguillons, donnent à l'ours une leçon de justice plus encore que de sobriété.

Ce serait peut-être le cas, mes jeunes amis, de discourir avec vous sur cette loi naturelle, qui veut que tant d'animaux vivent de butin et même de carnage. Nous en avons rencontré bien des exemples chez nos fabulistes, et nous en avons dit quelques mots; mais nous n'avons pas essayé d'expliquer sur ce point la volonté impénétrable du Créateur; il suffit que nous devions la croire parfaitement sage, quoiqu'elle puisse nous étonner, et blesser parfois la sensibilité que Dieu lui-même nous a donnée. Ne nous permettons jamais d'accuser l'Être infiniment sage ; persuadez - vous bien que, si nous étions plus éclairés, nous saurions la raison d'une foule de secrets trop vastes et trop profonds pour notre faible intelligence. Obéissons nous-mêmes, sans scrupule, aux instincts qui nous pressent de veiller à notre conservation, aux dépens de la vie des animaux destinés à notre usage; mais ne faisons jamais que le mal rigoureusement nécessaire. Autrefois, par exemple, on avait coutume de faire périr les abeilles pour avoir leur miel ; aujourd'hui, par des procédés ingénieux, nous leur enlevons, sans leur faire de mal, les provisions dont elles peuvent se passer pendant l'hiver. Nous les obligeons seulement de partager avec nous : encore pourrions-nous, si elles s'en plaignaient, justifier notre conduite, en alléguant les soins que nous leur donnons, les ruches et les abris que nous leur prêtons, et la protection que nous assurons à leur petite république contre les ennemis dont les préserve notre vigilance, intéressée, il est vrai, mais salutaire.

32.

LE MERLE ET LE VER-LUISANT [1].

Pendant une nuit assez sombre,
Tout fier de son étoile [2], un jeune ver-luisant
  Se pavanait [3] dans l'épaisseur de l'ombre,
Et s'enivrait [4] d'orgueil en se considérant :
« Sur ce globe [5], où chacun m'admire avec justice,
Je ne vois rien, dit-il, de comparable à moi ;
    Des insectes je suis le roi :
Eh ! qui d'entre eux pourrait entrer en lice [6],

[1] Il est peu d'enfants, même de la ville, qui n'aient vu ce petit insecte, doué de la propriété singulière de répandre une clarté phosphorique. Trop souvent il sert par là de jouet aux petits garçons, plus redoutables pour lui que le merle.

[2] Il appelait *étoile* la lueur verdâtre qu'il jetait : c'était parler en termes bien magnifiques.

[3] « Faisait le fier comme un *paon*. » (En latin *paon* se dit *pavo*, d'où *pavaner*.)

[4] L'orgueil égare la raison, comme fait le vin bu avec excès : on a donc pu dire que l'orgueil nous *enivre*, et c'est une expression consacrée.

[5] « Sur cette terre, » qui, vous le savez, a la forme d'un globe, d'une sphère.

[6] La *lice* est l'arène, la place où les combattants se présentent, pour se livrer à divers jeux, et disputer d'adresse, de force, de vitesse. *Entrer en lice* peut donc signifier figurément : « Disputer à un rival le prix du mérite. »

Quand mon empire est si bien affermi !
Est-ce la noire abeille ou la sèche fourmi ?
Ces orbes [7] éclatants qui versent la lumière
    Pour briller empruntent mes feux ;
    Et l'astre qu'adore la terre [8]
    N'est que le ver-luisant des cieux. »
Comme il parlait, d'une branche voisine,
Un merle fond soudain [9], et gobe l'orgueilleux.
    « Ton éclat cause ta ruine,
    Pauvre insecte ! moins lumineux,
Tu pouvais vivre [10], enseveli sous l'herbe :
Que je te plains d'être né si superbe [11] !
L'obscurité t'eût rendu plus heureux !

DORAT.

Florian nous a donné la même leçon, page 21, sous l'emblème du grillon : *pour vivre heureux, vivons caché*. Voyez aussi, dans la première partie (p. 25), le triste sort du mulet qui porte l'argent de la gabelle, et les inquiétudes perpétuelles du rat de ville (p. 33), qui vit au sein de la magnificence. Mille fois, dans le cours de votre vie, vous aurez sujet de reconnaître que nos

---

[7] Le mot propre est *globe* ou *sphère*, car les *orbes* sont les *cercles* décrits par les astres dans le ciel.

[8] « Le soleil », que plusieurs peuples ont en effet adoré comme un dieu, et l'on peut dire que **la terre** l'*adore*, dans ce sens que toutes les nations *bénissent* en lui l'admirable bienfait du Créateur.

[9] Cependant il fait nuit, et, à cette heure, tous les merles dorment sous le feuillage : le poète eût mieux fait de mettre en scène un oiseau de nuit, et de faite gober le ver-luisant par une chouette ou un chat-huant.

[10] « Si tu avais été moins lumineux, moins brillant, tu aurais pu vivre. »

[11] « Si brillant, si éclatant. »

fabulistes ont parfaitement raison; il n'y a de sûreté que dans les conditions les plus modestes, et cette paix vaut mieux pour le bonheur que tous les avantages des états les plus brillants.

35.

LE TISSERAND ET SON FILS.

Jacques le tisserand logeait avec son père ;
Tous deux ils travaillaient et vivaient doucement .
Le bonhomme [2] était vieux ; il devint impotent [3],
    Hors d'état de pouvoir rien faire.
    Son fils le traîne à l'hôpital [4].
Quand un fils a deux bras, un métier, de l'ouvrage,
A nature peut-il faire un pareil outrage [5] ?
Aussi tous les voisins trouvèrent cela mal.
Soit honte, ou soit pitié, les jours de bonne chère,
.   Les jours qu'on fait la soupe au lard,
        Jacques a soin de faire
        Pour le pauvre vieillard
        Une petite part.
    Par son fils Colin il l'envoie.
    Et l'enfant s'acquitte avec joie [6]

---

[1] « Heureux et tranquilles dans une position modeste. »

[2] « Le père. »

[3] Le vers suivant explique ce mot ; on est *im-potent* quand on ne *peut pas* agir.

[4] Ces mots semblent faire entendre que le vieillard fut mené à l'hôpital malgré lui : ils expriment plutôt la marche lente et difficile de l'aïeul impotent.

[5] « Peut-il faire une telle offense à la nature, aux sentiments naturels ? » Inversion.

[6] On aime à voir le petit-fils meilleur que le fils ; et ce-

De la commission. Le bon papa [7] mourut.
   Le pleura qui voulut.
  Jacques alors dit à sa femme :
«Voilà mon père mort, Dieu veuille avoir son âme.
  Il faut vendre le pot d'étain [8]
  Dans quoi nous mettions sa pitance [9] ;
C'est toi qui l'as serré, va le chercher, Colin [10].
— Le vendre, mon papa ! voyez la belle avance [11] !
Et quand vous serez vieux et que je serai grand,
Il nous faudra bien cher en acheter un autre.
—Et pourquoi faire un autre? —Afin que mon enfant
Vous porte à l'hôpital [12]... — Serais-tu si méchant [13] ?

---

pendant cet aimable naturel se gâtait par l'exemple du père,
comme on peut le voir à la fin du récit.

[7] « Le grand-papa. »

[8] La rapidité avec laquelle le tisserand passé d'une pensée religieuse à une réflexion intéressée fait assez voir qu'il
a dit des lèvres seulement, et par manière d'acquit, ces mots :
« Dieu veuille avoir son âme. » C'est un nouveau trait d'insensibilité.

[9] « Portion de nourriture. »

[10] Colin est remis en scène par l'auteur fort naturellement, et avec beaucoup d'adresse. Tout va concourir à rendre
la confusion du père plus grande ; il provoque lui-même la
réponse de l'enfant.

[11] « Le bel avantage ! » Ce sera bientôt à recommencer,
se dit l'enfant à lui-même.

[12] « Votre pitance, » allait dire l'enfant.

[13] On trouvera peut-être que le père, ne pouvant oublier
qu'il a mis le sien à l'hôpital, ne doit pas dire : « Serais-tu
si méchant?» et que c'est se condamner trop nettement soi-
même : mais nous sommes si disposés à exiger plus des autres que nous ne faisons pour eux, nous croyons si facilement
avoir un mérite supérieur, qui nous distingue et doit nous
mettre à part, que l'auteur peut être justifié, et même loué,
d'avoir mis dans la bouche de l'égoïste, de l'insensible Jacques une exclamation si vive, qui doit aussitôt le couvrir de
confusion, presque autant que la réplique de son fils.

Ton père à l'hôpital!—Vous y mîtes le vôtre[14]. »

LEMONNIER.

Vous ne mettrez point vos parents à l'hôpital, à moins d'une nécessité absolue ; jamais cette fable ne sera votre histoire, jeunes amis! Mais elle aura servi à fortifier vos sentiments de piété filiale. Un jour si vos enfants la récitent en votre présence, vous pourrez l'écouter sans confusion.

Ne blâmons pas cependant toute personne qui confie quelqu'un des siens à nos établissements de charité publique. Ces établissements sont un asile ouvert aux indigents, qui ne doivent pas rougir d'accepter les secours de la société, quand les maux et la gêne qu'ils souffrent ne sont pas la conséquence du vice et de la paresse.

34.

LE MOUTON.

« Allons, allons, vous vous moquez de moi !
Être sans cesse à la lisière[1],
Comme un enfant! le beau plaisir, ma foi !
Il faut au bout de tout[2] avoir l'âme un peu fière.»

---

[14] Ces mots doivent être prononcés avec douceur et ingénuité, et non avec l'accent du reproche. Le petit Colin croit que c'est une chose toute naturelle de mettre un père à l'hôpital, quand il devient vieux et impotent. Moins l'enfant paraîtra ému, plus le père devra l'être.

[1] Expression figurée. Il est clair qu'un agneau n'est jamais mené aux lisières, et qu'il n'en a pas besoin, étant capable de se tenir debout et de marcher seul, presque au moment de sa naissance.

[2] « Après tout, tout considéré. »

Ainsi parlait un trop jeune [3] mouton.
          « Je suis dans l'âge de raison :
    Q'ai-je besoin qu'avec un ton de maître
        On vienne me dire : allez-là ;
        Buvez ceci, mangez cela ?
      Je sais ce qu'il me faut peut-être [4] !
Voyez ce beau [5] berger, son bâton [6] à la main ;
      Planté là, toujours prêt à battre !
      Sait-il mieux que nous le chemin ?
    Qu'a-t-il de plus ? deux pieds ? moi j'en ai quatre.
      Oh ! c'est surtout ce maudit chien,
    Qui me chiffonne [7] ! Il ne se passe rien
Qu'il n'y fourre son nez [8]. Sont-ce là ses affaires ?
De quoi se mêlent-ils tous deux ? ils sont plaisants !
      Il faut laisser libres les gens.
Cette façon de vivre [9] aussi ne me plaît guères,
        Et sûrement j'en changerai

---

[3] « Trop jeune, » c'est-à-dire peut-être : « étourdi, imprudent. »

[4] *Peut-être*, dans la pensée du mouton, veut dire *certainement* ; car il ne doute pas de sa prudence, quoiqu'il fasse semblant de n'en être pas sûr.

[5] Expression moqueuse, ironique.

[6] « Sa houlette. »

[7] « Qui m'obsède, m'ennuie, me déplaît. » Expression familière.

[8] Cette façon de parler est ici tout-à-fait à sa place, puisque, dans ses actions, le chien fait grand usage de son odorat, qui est, vous le savez, extraordinairement fin. C'est même son habitude de flairer tout ce qui attire son attention qui nous a fait dire, figurément et familièrement, d'un homme que nous voyons se mêler de ce qui ne le regarde pas : *il fourre son nez partout.*

[9] « Celle à laquelle je suis soumis maintenant, cet état d'esclavage. »

Au plus tôt, ou je ne pourrai [10]. »
En effet un beau jour·d'automne,
Il s'esquive dès le matin,
Sans prendre congé [11] de personne :
Le voilà maître du terrain [12],
Et Dieu sait lors [13] comme il s'en donne !
De tous côtés il va broutant,
Gambadant, courant et trottant.
« Ah ! bon ; je suis mon maître, et, si l'on m'y rattrape,
Que ce repas, dit-il, soit mon dernier repas.
. Siffle [14], berger, et toi, chien, jappe !
Je m'en moque à présent; je ne vous entends pas.»
Comme il parlait encore, un loup survient, le happe [15],
Le charge sur son dos [16], et s'enfuit à grands pas.

Loin·d'imiter ce jeune téméraire,
Peuples, gardez vos sénats ou vos rois.
Si la liberté vous est chère,
Cédez-en sagement une partie aux lois,
Ou vous la perdrez tout entière.

IMBERT.

Depuis que les hommes réfléchissent sur le gouver-
ment des peuples, c'est-à-dire depuis près de trois
mille ans, les sages de tous les temps ont reconnu que

---

10 « Si je n'en change pas, c'est que je ne pourrai pas. »
11 « Sans saluer ni avertir personne. »
12 « Maître de faire ce qu'il voudra, en pleine campagne.»
13 Vieux mot pour *alors*.
14 Le berger siffle souvent pour appeler ses moutons.
15 « Le saisit. »
16 C'est ainsi que le loup emporte sa proie, quand elle est
pesante, et d'un volume assez grand pour l'empêcher de courir, en la tenant pendante devant lui.

nous devons souffrir patiemment quelque diminution
de notre liberté naturelle, si nous voulons que nos chefs
puissent nous assurer une protection efficace. Point de
sécurité sans police, et point de police sans quelque
gêne. Qui ne veut nulle autorité au-dessus de soi se doit
charger seul de sa défense personnelle. L'agneau pourra
brouter, errer librement dans les prés et dans les bois;
mais gare les loups! L'homme sera aussi entièrement
libre; il ne verra jamais ni gardes-police, ni gendarmes;
mais gare les voleurs, les pillards et les brigands!

35.

L'HIRONDELLE ET SON PETIT.

«Mon fils, disait un jour l'hirondelle tremblante [1]
A l'un de ses petits volant aux environs,
    Je vois là-haut certains bâtons [2]
Qui m'alarment pour vous ; quelque main malfaisante
    Les mit là pour bonnes [3] raisons.
Ne vous y frottez pas [4], croyez-en votre mère.
J'ai vécu [5] ; je connais ces perfides humains [6] :

---

[1] « Alarmée. » Le sujet de sa crainte est expliqué par les
vers suivants.

[2] « Des bâtons de glu, » comme on l'apprend plus bas,
placés sur quelque branche ou quelque muraille.

[3] *Bonnes* pour le chasseur, *mauvaises* pour le gibier.

[4] Dans le sens figuré, cela veut dire : « Ne vous exposez
pas à ce danger, ne vous y jouez pas ; » mais on pourrait
ici prendre ces mots dans le sens propre, puisque c'est en
se frottant aux bâtons de glu que l'oiseau trouve sa perte.

[5] Et par conséquent : « j'ai l'expérience que donne une
longue vie. »

[6] L'hirondelle n'a pourtant pas à se plaindre de nous, et
peut-être le fabuliste aurait-il mieux fait de mettre en scène,
dans son apologue, quelques-uns de ces petits oiseaux dont nous
sommes friands, et auxquels nous tendons des piéges.

Leur race est occupée à dépeupler la terre,
Fuyez; à leur fureur dérobez vos destins[7] :
Je vous donne, mon fils, un conseil salutaire.
—Bah! dit l'autre tout bas, voilà de ses chansons[8]!
   Propos de vieille radoteuse[9].
Je ne puis plus voler que son humeur grondeuse
Ne me fasse aussitôt essuyer[10] vingt sermons.
   Je ne comprends pas quel mystère[11]
Peut rendre dangereux les bâtons que voilà.
J'en aurai le cœur net[12]». D'une aile téméraire[13],
   Le drôle à l'instant y vola.
  Il y fut pris : ces bâtons, dit l'histoire,
   Étaient enveloppés de glu.
   Il y demeura suspendu,
  Bien honteux, comme on peut le croire.
Un enfant arriva qui saisit le vaurien :
  Sa liberté fut pour jamais perdue.
Cet appât, dans le fond, ne lui plaisait en rien :
   Mais c'était chose défendue[14].

AUBERT.

---

 [7] « Votre vie. »

 [8] « Voilà une de ses chansons accoutumées, un de ses discours, qui ne méritent pas plus d'attention que des chansons frivoles. »

 [9] « Ce sont là les propos d'une vieille femme qui ne sait ce qu'elle dit. »

 [10] « Souffrir, endurer. »

 [11] « Quel secret. »

 [12] « Je veux contenter le désir de mon cœur; savoir ce qui en est de ces bâtons. »

 [13] C'est l'oiseau qui est *téméraire*, mais on le dit de l'aile, parce qu'elle obéit à la *témérité* de l'oiseau, comme on appelle *coupable* la *dent* de Mouflar, page 86, ligne 1.

 [14] C'était parce que sa mère lui avait défendu d'approcher

La jeune hirondelle et le jeune mouton ne furent ni plus prudents ni plus heureux l'un que l'autre. Nous ne répéterons pas ici ce que nous avons dit à propos de quelques fables qui donnent la même leçon que celle-ci. Voyez dans la première partie, fable 5, les conseils inutiles d'une autre hirondelle, et dans la seconde, fable 2, les avis que la mère carpe donne vainement à ses petits. Mais on ne saurait trop, jeunes amis, vous tenir en garde contre l'indocilité. Vous voilà maintenant bien avertis, et, si vous vous laissez prendre aux filets, aux bâtons de glu, aux piéges de toute espèce, ce ne sera pas notre faute.

36.

LA FAUVETTE.

Aux branches d'un tilleul [1] une jeune fauvette
Avait de ses petits suspendu le berceau.
D'écoliers turbulents une troupe inquiète,
　　　Cherchant quelque plaisir nouveau,
Aperçut en passant le nid de la pauvrette.
Le voir, être tentés, l'assaillir à l'instant,
　　　Chez ce peuple enclin à mal faire [2],
　　　Ce fut l'ouvrage d'un moment.

des bâtons, qu'il en avait senti le désir, et qu'il avait cédé à la tentation.

[1] La fauvette niche plutôt dans les buissons peu élevés ; le poëte aurait pu mettre en scène la femelle du pinçon, qui fait son nid sur les arbres.

[2] « Disposé, porté à mal faire. » Vous voyez, mes amis, que les fabulistes ont bien mauvaise opinion des écoliers ; La Fontaine a déjà dit : *Cet âge est sans pitié*, et nous sommes forcés de convenir que l'habitude des enfants d'attaquer les nids d'oiseaux a donné prise à ces critiques.

Tous sans pitié lui déclarent la guerre.
Le pauvre nid vingt fois pensa faire le saut[3] ;
   Il n'était si petit marmot
Qui ne fît de son mieux[4] pour y lancer sa pierre.
L'alarme cependant était grande au logis[5].
La fauvette voyait l'instant où ses petits
   Allaient périr ou subir l'esclavage[6] ;
Un esclavage, hélas ! pire que le trépas !
   Les gens qu'elle voyait là-bas
Étaient assurément quelque peuple sauvage
   Qui ne les épargnerait pas.
   Que faire en ce péril extrême ?
Mais que ne fait-on pas pour sauver ce qu'on aime ?
   Elle vole au-devant des coups ;
   Pour sa famille elle se sacrifie,
Espérant que ces gens, dans leur affreux courroux,
   Se contenteront de sa vie.
   Aux yeux du peuple scélérat
   Elle va, vient, vole et revole,
S'élève tout-à-coup et tout-à-coup s'abat,
   Fait tant qu'enfin cette race frivole[7]
   Court après elle et laisse là le nid.
Elle amusa longtemps cette maudite engeance[8],
   Les mena loin, fatigua leur constance[9] ;

---

3 « Fut sur le point de tomber. »
4 « Il n'y avait pas de marmot si petit qui ne fît tous ses efforts, » etc.
5 « Dans le nid. »
6 « Souffrir la captivité. »
7 « Ce peuple léger, volage, toujours prompt à changer d'objet dans ses amusements. »
8 « Race, espèce. »
9 « Leur persistance, » qui ne fut pas longue, parce qu'ils étaient *frivoles* et légers.

7

Et pas un d'eux ne l'atteignit.
L'amour sauva le nid, le ciel sauva la mère.
A ses petits elle en devint plus chère[10].
Dieu sait la joie et tout ce qu'on lui dit,
A son retour, de touchant et de tendre !
Comme ils avaient passé tout ce temps sans rien prendre[11],
Elle apaisa leur faim, puis chacun s'endormit[12].

AUBERT.

Dieu, voulant que les espèces créées se conservent toujours, donne aux mères un attachement admirable pour leurs petits nouveau-nés ; mais il est peu d'animaux chez lesquels le dévouement des mères offre un spectacle plus intéressant que chez les petits oiseaux. La faiblesse même de ces charmantes créatures rend leur courageuse tendresse plus touchante. Aussi les poètes se plaisent-ils à nous les offrir comme des modèles ; et pourtant qu'il y a loin encore, jeunes amis, de l'instinct aveugle des fauvettes à l'amour intelligent de vos mères ! Vous le savez bien, et si nous vous en parlons ici, c'est seulement pour vous offrir à vous-mêmes l'occasion de faire un heureux rapprochement. Ce que la fauvette exécute avec tant de courage pour sauver sa famille, une mère le fera au besoin ; elle appellera sur elle le danger qui vous menace ; heureuse de mourir, si elle peut vous sauver ! De plus, l'amour maternel chez les fauvettes change d'objet chaque année ; nouvelle couvée, nouvelle affection ; les petits de l'an passé sont quittés, oubliés et méconnus, tandis que vos mères vous aimeront toujours.

---

[10] Ils lui devaient une seconde fois la vie.
[11] « Sans prendre de nourriture. »
[12] Ce dernier trait est charmant. C'est l'image du repos le plus doux, après les plus terribles alarmes.

37.

LE JARDINIER ET LE GROSEILLIER.

Mon fils [1], de ta faible raison
Il est bien temps de faire usage ;
C'est précisément à ton âge
Que le travail est de saison.
Tu doubleras ta jouissance
En le mêlant à tes amusements [2] ;
Aux jeux de ta première enfance
Dérobe donc quelques moments [3].
Je vais te conter une fable
Dont les acteurs [4] sont sous tes yeux ;
Ce que l'on voit se comprend mieux [5],
Et le faux [6] paraît vrai, dès qu'il est vraisemblable.

---

[1] Le fabuliste adressa réellement cette fable à son fils âgé de sept ans.

[2] « Sans un peu de travail il n'est point de plaisir, » dit quelque part notre Florian, et c'est une vérité dont vous avez sans doute fait l'expérience. Comme le plaisir est le délassement du travail, le travail est l'assaisonnement du plaisir.

[3] Pour les consacrer au travail, à l'étude.

[4] « Les personnages. » Ce sont ici le jardinier et le groseillier. L'enfant habitait la campagne.

[5] Et se grave mieux aussi dans la mémoire.

[6] Le *faux* est ici la *fiction*, et non pas le *mensonge*. Le poète *imagine* un récit, il l'*invente*, et le donne comme imaginaire. Au reste, le fait qui sert de sujet à cette fable est si simple, si naturel, qu'il a dû arriver mille fois, et l'enfant n'aura pas de peine à le trouver *vraisemblable*, c'est-à-dire *semblable* au *vrai*, à la *vérité*.

Dans une haie, au bord d'un grand chemin,
Un groseillier croissait, sans soins et sans culture ;
A peine montrait-il quelque peu de verdure,
Mais pour du fruit, pas plus que sur ma main !
Un jardinier le vit, le mit en son jardin,
     Dont la terre était préparée ;
  Engrais, labours, et tout ce qui s'ensuit[7],
Rien ne fut épargné ; dès la première année,
    Le groseillier fut tout couvert de fruit.

     Les noirs soucis, la jalousie,
     Mille chagrins, mille dégoûts,
     Sont les épines de la vie ;
     C'est la haie où nous naissons tous[8].
Le groseillier dans l'état de nature[9],
    C'est toi, mon fils, en ce moment ;
Le jardinier, c'est moi, certainement ;
    L'étude sera la culture,
    Et le fruit sera le talent.

                 VITALLIS.

Cette fable peut être considérée comme une *allégorie*,

---

[7] L'arrosement, la taille, etc.

[8] Et où le groseillier serait resté, aurait végété misérablement, si on ne lui avait pas procuré une position meilleure, dans laquelle il est devenu plus utile. Un bon apprentissage, quelque modeste position qu'il nous donne, assure notre avenir, il nous *tire de la haie*, c'est-à-dire nous délivre des soucis épineux qui pressent l'indigence.

[9] « Dans l'état où la nature l'a produit, » et où il resterait sans les soins de l'homme ; car la Providence a créé beaucoup de choses dont elle remet l'entretien et le perfectionnement à l'intelligence de l'homme, daignant ainsi nous associer à son ouvrage.

c'est-à-dire comme une peinture de la vérité morale,
qui est rendue sensible et mise sous vos yeux par ce
simple et charmant récit. Vous y reconnaîtrez le langage affectueux d'un bon père, et cette pièce fera certainement sur vos cœurs une impression favorable.
Plusieurs d'entre vous peuvent chercher un de leurs
passe-temps dans la culture de quelques plantes : en
voyant sur elles le bon effet de vos soins, vous com-
prendrez mieux celui que peuvent produire sur vous les
soins de vos parents et de vos maîtres, et vous serez
mieux disposés à vous laisser cultiver par ces bons jar-
diniers.

38.

LE VILLAGEOIS ET SON ANE.

« Attends, Mignon, mon camarade ,
Laisse-moi faire deux fagots ;
Quand tu les auras sur le dos,
Tu n'en seras pas plus malade[1]. »
Ainsi parlait un villageois
A son baudet, bien chargé de litière[2],
En retournant à sa chaumière[3]
Par un chemin qui traversait un bois.
Les fagots achevés et chargés sur la bête[4],
On se remet en route. Au bout de trente pas,

---

[1] « Tu ne t'en croiras pas plus chargé. »
[2] Paille ou herbages qui servent de *lit* au bétail, aux
chevaux, aux ânes, etc.
[3] Maison recouverte de *chaume*, c'est-à-dire de paille,
au lieu de tuile ou d'ardoise.
[4] « Quand les fagots furent achevés, » etc.

Au villageois il vient en tête
De couper quelques échalas
Dont sa vigne a besoin. « Holà, Mignon, arrête :
Pour si peu tu n'en mourras pas⁵. »
Et sitôt que la botte est faite
Et bien liée, à tour de bras,
Sur le dos du baudet : « Va donc⁶ » ; et, non sans peine
Mignon marche, ou plutôt se traîne.
Le villageois s'applaudissant
D'avoir, comme l'on dit, fait deux coups d'une pierre⁷,
Bâton en main, chassait l'âne devant,
Et sans pitié sifflait en le suivant.
Cependant la fatigue et le soleil aussi
Font tellement suer notre homme,
Qu'il ôte son habit, puis l'ajoute à la somme⁸
Du baudet, en disant : « Certes, cette fois-ci,
Tu ne diras pas qu'on t'assomme. »
Mais enfin le pauvre Mignon,
N'en pouvant plus, quelques efforts qu'il fasse,

---

⁵ Toujours la même dureté ! Il a déjà dit plus haut : « Tu n'en seras pas plus malade. » Les égoïstes ne s'aperçoivent jamais des souffrances d'autrui, ou n'y croient pas.

⁶ « Dit le villageois. »

⁷ En même temps que le villageois fait porter de la litière à son âne, il le charge d'autres provisions, pour n'être pas obligé de revenir au bois ; il fait deux choses en une seule action ; c'est ce qu'on appelle proverbialement *faire d'une pierre deux coups*. Cela peut être quelquefois commode et avantageux ; mais souvent « en courant deux lièvres à la fois» on manque l'un et l'autre ; et, pour citer encore un proverbe, nous dirons : Qui trop embrasse mal étreint.

⁸ « La charge, » c'est quelquefois le sens de ce mot ; aussi appelle-t-on *bêtes de somme* toutes celles qu'on destine à porter des fardeaux.

Chancelle, tombe et reste sur la place.
Le voyant mort, son compagnon,
Loin de siffler, fait piteuse [9] grimace,
Prend son habit, jette loin son bâton [10],
Et tristement tout seul regagne la maison.

Les maux de ce baudet me rappellent les nôtres;
Chacun d'eux, pris à part, peut se souffrir encor;
Mais le moindre de tous, à la suite des autres,
Est celui qui donne la mort [11].

VITALLIS.

Il est trop vrai qu'on voit quelquefois des hommes succomber sous le poids d'une suite de calamités; c'est la dernière, souvent la plus petite, qui mène à la ruine, à la mort. Remarquons toutefois que la plupart de nos maux sont notre ouvrage, et gardons-nous bien d'accuser la Providence. Ce n'est pas elle qui nous traite comme ce villageois son serviteur. Au contraire, on a dit avec raison : « A brebis tondue Dieu mesure le vent, » c'est-à-dire qu'il ne nous éprouve pas au-delà de nos forces. Faisons plutôt de cette fable une leçon pour notre conduite, en considérant celle du villageois. Il a trop exigé de son serviteur, et il l'a perdu ; soyons plus humains et plus prudents ; ne demandons jamais tout ce que nous pouvons rigoureusement prétendre de ceux qui travaillent pour nous. Le bon maître est mieux servi ; il ne manque jamais de secours dans les cas

---

9 « Triste, pitoyable. » Non par compassion, mais par avarice ; il regrette l'argent que son âne valait.

10 Il n'a plus de Mignon à battre.

11 C'est la dernière goutte d'eau, dans le vase déjà plein, qui le fait déborder.

pressants, et il ne s'expose pas à des pertes cruelles, à
de graves embarras, comme le maître de Mignon ; enfin
il est aimé, ce qui vaut bien son prix !

39.

L'AVEUGLE, SON CHIEN ET L'ÉCOLIER.

Chargé d'une besace, un bâton à la main,
Cheminait un vieillard appesanti par l'âge [1],
Et qui des yeux encore avait perdu l'usage.
      Il allait mendiant son pain.
Un trésor lui restait au sein de la misère,
Le meilleur des amis. Qui donc ? Etait-ce un frère ?
      Un cousin ?... Non, c'était son chien.
On l'appelait *Fidèle* : il le méritait bien ;
      Car cet animal débonnaire [2],
Par un léger cordon seulement attaché,
Conduisait en tous lieux le nouveau Bélisaire [3],
Et flairait de cent pas un bienfaiteur caché [4].

---

[1] « Rendu plus pesant, plus lent par les années. »

[2] « Bon. » Quelquefois le mot *débonnaire* désigne la bonté
qui dégénère en faiblesse ; ici il n'a point cette fâcheuse
signification.

[3] On rapporte qu'un fameux général, nommé Bélisaire,
qui vivait au sixième siècle, et qui rendit de grands services à Justinien, empereur romain, devint aveugle dans sa
vieillesse, et que, tombé en disgrâce, il fut réduit à men-
dier son pain. Cette tradition est fausse, mais elle a été
longtemps reçue comme vraie, et le poète a cru pouvoir s'y
conformer ici.

[4] « Il distinguait par l'odorat à cent pas les personnes
qui étaient disposées à faire du bien à son maître. » Badinage évident, puisque l'odorat du chien ne saurait aller jus-

Comme il passait près d'un collége,
Un maudit écolier, qu'inspire le démon [5],
Saisissant un fer [6] sacrilége [7],
Du guide officieux [8] a coupé le cordon.
« Plante-moi là [9], dit-il, cet homme à barbe grise ;
Sois libre et va courir les champs.
La place d'un tel homme, avec ses cheveux blancs,
Est à la porte d'une église [10].
—Quoi ! répond le chien généreux,
Trahir ainsi la confiance !

qu'à découvrir les dispositions secrètes de notre cœur ; on admettrait plutôt qu'à la *vue* des personnes, à leur air, à leurs gestes, le pauvre chien distinguât celles qui se préparaient à donner une aumône.

[5] Encore un écolier qui joue un mauvais rôle. Oh ! certes, si mauvaise opinion qu'on eût de l'espièglerie de ce monde-là, encore faudrait-il avouer que peu d'écoliers seraient assez méchants pour séparer un pauvre aveugle de son guide. Décidément nous sommes au pays des fables !

[6] « Un instrument tranchant, un couteau, un canif. »

[7] « On appelle *sacrilége* une action qui porte une atteinte violente et coupable aux choses *sacrées;* c'est un fait *sacrilége* que le vol ou la destruction des vases saints ; on peut donc, par imitation, appeler *sacrilége* le fer qui servirait d'instrument à une action aussi criminelle que celle dont on accuse ici l'écolier.

[8] « Serviable, secourable. » *Office* a le même sens à peu près que *service.*

[9] « Laisse-moi là. » Ce *moi* n'est pas nécessaire pour le sens ; il sert seulement à rendre l'expression plus vive. Nous avons déjà vu, dans la première partie, le renard qui laisse le bouc au fond du puits *et vous lui fait un beau sermon.* (Voy. page 45 note 9.)

[10] Où vous savez que les mendiants ont souvent coutume de se placer. Mais l'écolier parle ici comme quelqu'un qui n'aurait guère l'habitude de franchir cette porte, et d'aller entendre les leçons du Dieu de charité.

7.

Laisser à l'abandon un ami malheureux,
Quand il m'a dit cent fois, dans sa longue souffrance,
« Fidèle sur la terre est mon dernier appui ;
    « C'est ma seconde Providence ! »
Et tu voudrais, méchant, me séparer de lui !
    Qui prendrait soin de le conduire ?
—Que t'importe ! va, fuis.—Non, je n'en ferai rien.—
C'est ton bien que je veux.—Mais tu le veux pour nuire.
Dans le malheur d'autrui peut-on trouver son bien [11] ? »
A ces mots il retourne au vieillard qu'il caresse,
Et l'aveugle, en versant des larmes de tendresse,
Au cou du chien joyeux rattache son lien [12].

LE BAILLY.

Oui, mes amis, cette fable est bonne, mais c'est une fable ; nous vous livrons, pour en faire justice, ce *maudit* écolier, *inspiré du démon*, et si différent de ce que vous êtes. Bien loin de l'imiter, quand l'occasion s'en présentera, vous partagerez votre déjeuner avec l'aveugle et son chien, ou, si le cordon tombe des mains du pauvre, vous l'y replacerez ; vous rejoindrez l'aveugle avec son guide, au lieu de les séparer ; car la charité

---

[11] Au fond l'écolier ne voulait que faire une espièglerie, et c'est ainsi que l'on peut expliquer beaucoup d'actions, vraiment coupables, d'enfants qui n'ont point d'ailleurs un mauvais caractère. On veut rire, se divertir, et l'on en saisit étourdiment la première occasion. Il faut cependant y prendre garde ; le cœur se familiarise avec la souffrance d'autrui, il s'endurcit, et ce qui n'était d'abord qu'un écart de conduite peut devenir une habitude funeste et incorrigible.

[12] Non pas pour retenir Fidèle (l'aveugle est bien sûr de n'en pas être abandonné), mais pour se faire conduire par son guide, *joyeux* de reprendre ses fonctions.

est aussi un passe-temps plein d'attrait ; la plus vive espièglerie ne vaut pas un trait de bonté, pour le plaisir qu'elle vous procure à l'instant même, et surtout pour le souvenir qu'elle vous laisse.

40.

L'ÉLÉPHANT ET LE RAT.

L'éléphant dévastait[1] la campagne à la ronde[2].
L'homme, sans l'attaquer[3], au piége l'arrêta ;
    Son éminence [4] culbuta
       Dans une fosse profonde,
D'un branchage trompeur recouverte à dessein [5].
Le géant renversé s'agite, mais en vain :
Sans ressource [6], il attend la mort en philosophe[7].

---

[1] L'éléphant, est, vous le savez, d'un naturel paisible ; il vit de végétaux, de branches, mais il lui en faut une grande quantité, et l'on comprend qu'il peut causer assez de dommage dans les lieux qu'il fréquente, pour qu'il y ait lieu de dire qu'il *dévaste* la campagne.

[2] « De tous côtés. »

[3] L'homme ose cependant attaquer aussi les éléphants de vive force. Cette chasse est un amusement pour certains peuples d'Asie et d'Afrique.

[4] Titre d'honneur chez les hommes. *Eminence* signifiant *élévation*, on appelle avec autant de justesse que d'agrément ce gros animal *son éminence*.

[5] Ce piége est bien connu ; les sauvages le tendent souvent à l'éléphant et à d'autres animaux.

[6] « Se voyant sans ressource. »

[7] « En sage, avec fermeté. » Un *philosophe* est proprement un *ami de la sagesse* ; mais quand on aime vraiment la sagesse, on est bien près de la posséder.

Un fourrageur[8] de moindre étoffe,
    (Les plus petits font parfois des faux pas [9])
Le rat, au même trou, comme il n'y songeait pas,
Tombe. Mais il regrimpe, et trotte dans la plaine.
Hélas ! dit le colosse [10] alors en gémissant,
La chute des petits se répare sans peine ;
Et le rat dans la fosse est plus [11] que l'éléphant.

BOISARD.

Ne négligeons aucune occasion de reconnaître combien la condition des petits, qui sont de beaucoup les plus nombreux dans la société, a d'avantages sur la condition des grands. Cette fable nous offre, à cet égard, un sujet intéressant de réflexions. Oui, il est parfaitement vrai que, s'il arrive un accident, un revers aux personnes d'une condition modeste, elles se relèvent bientôt, et réparent, plus facilement que les grands du monde, le dommage qu'elles ont éprouvé. De plus haut, la chute est plus rude et plus funeste, a-t-on dit quelquefois. Combien d'exemples n'en avons-nous pas sous les yeux !

---

[8] *Fourrager* c'est « aller au fourrage, » et, en général, « butiner, ravager ». Le rat *dévaste* aussi la campagne, mais il ne le fait pas en grand comme l'éléphant, parce qu'il est de *moindre étoffe*, c'est-à-dire de *moindre importance*, de plus petite taille.

[9] « Les plus petits personnages sont exposés quelquefois à des accidents, à des chutes, à des revers, » quoiqu'ils le soient bien moins que les grands.

[10] « L'animal colossal. » Un *colosse* est un objet de vaste dimension, et qui, dans son genre, est beaucoup plus grand que ceux de la même sorte ; on dit d'un homme qui dépasse de beaucoup la stature ordinaire : *c'est un colosse* ; ici l'éléphant est appelé *colosse* par rapport au rat.

[11] « Il peut davantage, il peut se tirer du danger. »

41.

LA MAIN DROITE ET LA MAIN GAUCHE.

Tandis que sa main droite achevait un tableau,
Certain professeur en peinture[1]
Gourmandait sa main gauche[2], et disait : « La nature
T'a fait là, pauvre peintre, un assez sot cadeau.
Jamais une esquisse[3], une ébauche[4],
Un simple trait[5] peut-il sortir de ta main gauche[6]?
Sait-elle tenir un pinceau ?
Non pas même un crayon! Cependant, maladroite,
N'as-tu pas cinq doigts bien comptés ?
Pour faire en tout mes volontés,
Qu'as-tu de moins que ma main droite ?
—Beaucoup, monsieur, répond pour le membre accusé
L'un des cinq doigts, le petit doigt sans doute[7],
Doigt très-instruit, doigt très-rusé,
Doigt qui sait ce qu'il dit, comme tel qui l'écoute.
La main droite à la gauche est semblable en tous points,

---

[1] « Un maître, un peintre habile. »

[2] « Faisait des reproches à sa main gauche. »

[3] *L'esquisse* est le premier dessin, borné à ses traits principaux, et que le dessinateur complète ensuite, en ajoutant les ombres, ou les couleurs, s'il s'agit d'un tableau.

[4] Un tableau commencé, où les parties principales sont indiquées.

[5] Travail encore moins avancé que l'esquisse ; le *trait* fixe seulement les premiers contours de l'objet.

[6] « Ta main gauche peut-elle produire une esquisse, » etc.

[7] Il est plus humiliant pour le peintre d'être réfuté par un si petit personnage. Vous savez d'ailleurs ce qu'on a dit souvent aux enfants de la prétendue science du petit doigt. Heureusement on perd l'habitude de les tromper ainsi, sous prétexte de les rendre sages.

Dans l'état de nature [8] ou l'état d'ignorance,
   Car c'est tout un ; mais quelle différence
Entre ces sœurs [9] bientôt s'établit par vos soins,
Vers la droite en tout temps portés de préférence [10] !
La main droite est toujours en opération [11] ;
La main gauche en repos : voilà toute l'affaire [12].
On ne peut devenir habile à ne rien faire.
    Au seul défaut d'instruction
Attribuez, monsieur, l'impuissance ou nous sommes.
    Croyez-vous l'éducation
Moins nécessaire aux mains qu'aux hommes ? »

                       ARNAULT.

L'intention du fabuliste est évidente ; il a voulu montrer qu'il n'y a point de talent, s'il n'y a point d'apprentissage. Dans beaucoup de carrières, on peut même dire que l'éducation de la main et celle de l'homme *c'est tout un*, puisqu'il s'agit surtout pour lui d'apprendre à faire agir ses mains convenablement, afin de gagner sa vie.

---

[8] Chez l'enfant naissant, par exemple, qui est dans l'*état* où la *nature* l'a produit, sans que l'art lui ait rien appris; en sorte que le poète a raison de déclarer cet état semblable à l'*état d'ignorance* et de dire que *c'est tout un.*

[9] « Les deux mains. »

[10] « Par vos soins qui ont toujours la main droite pour objet. »

[11] « Toujours en action, toujours occupée. »

[12] « Voilà la seule cause de la différence qui existe entre elles. »

42.
LA FEUILLE.

De ta tige détachée,
Pauvre feuille desséchée,
Où vas-tu? — Je n'en sais rien.
L'orage a frappé le chêne[1]
Qui seul était mon soutien.
De son inconstante haleine[2]
Le zéphir[3] ou l'aquilon[4]
Depuis ce jour me promène[5]
De la forêt à la plaine,
De la montagne au vallon.
Je vais où le vent me mène,
Sans me plaindre ou m'effrayer,
Je vais ou va toute chose,
Où va la feuille de rose
Et la feuille de laurier.

ARNAULT.

Pourquoi avons-nous admis dans ce recueil cette petite fable? D'abord parce qu'elle est charmante; il ne s'agit que d'une feuille, et cependant le poète réussit à nous intéresser à son sort. Nous suivons à la montagne, à la plaine, au vallon, cette légère voyageuse: nous prê-

[1] L'orage a frappé le chêne et il a dispersé les feuilles.
[2] « De son souffle inégal, variable. »
[3] Vent léger et doux qui souffle du couchant.
[4] La bise, vent du nord-est.
[5] « M'emporte au gré de son caprice. »

tons l'oreille à sa faible voix. Mais d'où vient que cette feuille nous intéresse et nous émeut? C'est qu'elle souffre avec patience et résignation ; c'est qu'au milieu de ses adversités elle ne fait entendre ni murmures contre l'arbitre suprême, ni lâches regrets de ce qu'elle fut autrefois, ni propos envieux contre ceux qui ne souffrent pas comme elle. Et voilà notre second motif pour admettre dans notre fablier la *feuille de chêne;* nous pouvons apprendre d'elle à ne pas nous plaindre, à ne pas nous effrayer, au milieu des orages de la vie.

Cette pièce est une allégorie ; c'est un emblème de cette grande vérité proclamée par l'Ecclésiaste : *Vanité des vanités, tout est vanité.* Toutefois il faut s'entendre: c'est en parlant des choses de ce monde que l'Ecclésiaste fait cette exclamation solennelle, et notre fabuliste ne l'entend pas autrement ; la feuille de rose, ce sont les plaisirs de la jeunesse ; la feuille de laurier, c'est la gloire humaine: tout cela est périssable et passager : mais une âme chrétienne, qui aspire au ciel, *qui sait où elle va,* espère à bon droit de goûter un jour dans le sein de Dieu une paix éternelle; dans cette attente, elle peut sourire aux tempêtes d'ici-bas, et rester calme et sereine au milieu des agitations de ce monde.

43.

LE LÉROT ET LES DEUX LÉZARDS

Dès le retour de la froidure[1],
Deux petits lézards[2] mécontents

---

[1] « De l'hiver. »
[2] Un de ces deux lézards ne joue absolument aucun rôle, et ne dit mot. C'est un petit défaut dans une pièce d'ailleurs fort jolie.

S'étaient tapis ³ au fond d'une vieille masure ⁴,
  Pour y dormir jusqu'au printemps ⁵.
  « Hélas ! que mon destin ⁶ m'afflige !
Disait l'un deux ; pourquoi faut-il que Jupiter ⁷
  Nous emprisonne et nous oblige
  A vivre engourdis tout l'hiver ? »
  Un habitant du voisinage,
  Le lérot ⁸, au museau pointu,
  Lui répondit en son langage...
  « Mon ami, de quoi te plains-tu ?
  Dé ton destin ? je le partage ;
Ainsi que toi, l'hiver, cloué dans ma maison,
J'y dors jusqu'au retour de la belle saison.
  Je tiens ⁹ que c'est un avantage,
  Et j'en suis fier avec raison ¹⁰.
  Oui, le père de la nature
  Nous chérit : il nous a traités,
  Comme on dit, en enfants gâtés.
Quand nous dormons, les bois sont privés de verdure,

---

³ « Blottis, cachés. »

⁴ « Edifice ruiné. »

⁵ Vous savez que plusieurs espèces de quadrupèdes, de reptiles, d'insectes, passent l'hiver dans un état d'engourdissement et d'insensibilité, sans prendre aucune nourriture.

⁶ « Sort. »

⁷ Le roi des dieux chez les Grecs et les Romains. Ce petit lézard était donc citoyen d'Athènes ou de Rome.

⁸ Le même que le *loir* ; petit quadrupède de l'ordre des rongeurs ; il est assez semblable au rat, vit dans le creux des arbres, et dort tout l'hiver.

⁹ « J'estime, je crois. »

¹⁰ Avec plus de raison, il en serait seulement reconnaissant, car il tient de la seule nature cet avantage dont il se vante. Les sentiments exprimés dans les vers qui suivent sont plus justes.

Les jardins sont flétris, les vergers sont déserts,
Tous les vents déchaînés se battent dans les airs,
   La terre a perdu sa parure.
Le voile du sommeil nous cache ces tableaux
Mais sitôt que[11] les prés, les jardins, les berceaux[12],
Reprennent leur éclat, leur beauté printanière,
Notre sommeil finit : c'est au chant des oiseaux
   Que nous rouvrons notre paupière.
   Mes chers voisins, soyez contents;
   Et bénissons la destinée
   Qui voulut que, pour nous, l'année
   Fût un continuel printemps. »

Les choses d'ici-bas, quand on les envisage,
Ont toutes un revers[13] dont on est moins flatté[14]
   C'est être heureux, c'est être sage,
   Que de les voir du beau côté.

                     JAUFFRET.

Nous ne voudrions pas essayer de vous persuader qu'il n'y a pas dans la vie de peines qui doivent vous affecter, et qu'il faut prendre gaîment tout ce qui vous

---

[11] « Aussitôt que. »

[12] Treillages en voûte, auxquels on attache des plantes grimpantes ou des arbrisseaux qui se taillent et se palissent, par exemple, du jasmin, du chèvrefeuille, de la vigne.

[13] « Un mauvais côté, » comme la plupart des étoffes. On parle aussi du *revers* des médailles, pour désigner le côté où se trouve l'empreinte la moins belle et la moins intéressante, et vous savez peut-être qu'on dit quelquefois : « c'est le revers de la médaille, » pour indiquer le mauvais côté d'une affaire d'ailleurs avantageuse.

[14] « Dont on a lieu d'être moins satisfait. »

arrivera ; non, l'homme est exposé à souffrir de véri-
tables douleurs ; Dieu le permet, il le veut ; mais souvent nous tombons mal-à-propos dans le décourage-
ment. La sagesse est plus voisine de la joie que la tris-
tesse, et le discours de notre aimable petit lérot est, au
fond, plein de bon sens.

Pour raisonner aussi en regardant tout du beau côté,
nous dirons, nous autres humains, que nous sommes
charmés d'être éveillés tous les jours de l'année et de
ne dormir que la nuit ; l'hiver a ses charmes ; il a ses
plaisirs ; et nous avons, grâce au travail, dans nos gre-
niers et nos demeures de quoi prendre patience jusqu'au
printemps. Laissons le petit lérot se féliciter de son sort
et bénissons Dieu du nôtre ; car c'est nous, croyez-
moi, qui sommes ses enfants gâtés.

44.

LE DROMADAIRE ET LE SINGE.

« Si tu voulais, mon ami, mon compère [1],
   Me souffrir un peu sur ton dos,
Disait un jeune singe à certain dromadaire [2],
Qui partageait sa gloire ainsi que ses travaux,
   Ce serait charge bien légère,

---

[1] Les solliciteurs ne manquent jamais de paroles caressan-
tes : ces premiers mots du singe font assez entendre qu'il a
une grâce à demander. *Mon compère*, « mon camarade, toi
qui m'es associé dans la bonne et la mauvaise fortune. » Le
mot *compère* est souvent pris dans un sens dérivé, comme
terme d'amitié.

[2] Quadrupède semblable au chameau, mais n'ayant qu'une
bosse au lieu de deux.

Et j'arriverais plus dispos [3]. »
Le dromadaire a l'âme bonne [4] ;
Il s'y prête sans hésiter [5],
Et maître Bertrand [6] se cramponne [7]

---

[3] On sait qu'en effet ceux qui promènent des chameaux ou des dromadaires dans nos villes d'Europe les font accompagner souvent de quelques singes, que le paisible colosse *souffre* en effet *sur son dos*. De là, les singes amusent la multitude par leurs gestes et leurs grimaces ; telle est la *gloire*, tels sont les *travaux* de ces pauvres exilés du désert.

En effet la demande n'était pas indiscrète. Il se présente souvent dans la vie des circonstances où nous pouvons rendre de grands services à autrui en nous imposant une très-petite gêne. N'en laissez jamais échapper l'occasion, au risque de faire des ingrats.

J'arriverais « à la foire peut-être, à la ville, où ils vont se produire ; » — *plus dispos*, « moins fatigué, mieux disposé à faire les tours que le maître exige, et que le public attend de moi. »

[4] Il est réellement fort doux, et fort docile.

[5] « Il consent tout de suite à ce que le singe lui demande. »

[6] La Fontaine avait déjà consacré le nom de Bertrand pour désigner le singe.

Bertrand avec Raton, l'un singe et l'autre chat.

Celui-ci est *maître* Bertrand, comme le flatteur du corbeau est *maître* Renard. Voyez première partie, page 19, note 1.

[7] Les singes peuvent en effet saisir les objets et se cramponner, non-seulement avec les mains, comme nous, mais encore avec les pieds, ce qui leur a valu, chez les naturalistes, le nom de *quadrumanes* « animaux à quatre mains ». Cette organisation les rend très-habiles à grimper, et ils ne s'en font pas faute dans l'état sauvage. Les hommes qui promènent des singes dans nos villes et nos villages amusent souvent la foule en les faisant grimper par les balcons, les corniches et toutes les saillies des murailles, jusqu'aux étages supérieurs des maisons, où l'on s'étonne de recevoir inopinément leur visite intéressée.

Si bien de çà, de là, qu'il parvient à monter.
Ensuite que fait-il ? Vraiment on le devine [8]!
 Dominé [9] par son mauvais cœur,
 Sans cesse il déchire, il lutine [10]
 Son trop généreux bienfaiteur.
Celui-ci ne dit mot, mais enfin il se lasse,
 Et de l'ingrat se débarrasse [11].
De la tête à l'instant l'odieux sapajou [12]
 S'en va donner contre un caillou,
 Et le caillou la lui fracasse.

 Hommes, n'imitez pas Bertrand !...
Si vous foulez aux pieds toute reconnaissance,
 Un semblable sort vous attend :
L'ingratitude enfin lasse la bienfaisance [13].

 STASSART.

 Cette fable s'adresse donc aux ingrats ; mais peu de personnes, direz-vous, sont assez méchantes pour rendre le mal en échange du bien. Plût à Dieu que cela fût

---

[8] Parce qu'on connaît le caractère du singe, ingrat et malin.

[9] « Entraîné. »

[10] « Il importune, il vexe. »

[11] Il fait un mouvement brusque et violent qui jette le singe à bas. Mais le dromadaire n'avait voulu que se délivrer d'un indiscret ; il n'avait pas prévu la rencontre du caillou et la mort du singe, sans cela, en bonne morale, il serait inexcusable ; on n'assomme pas les gens, parce qu'ils sont ingrats et lutins.

[12] Espèce de singe de petite taille.

[13] « Et malheur à vous, car, si vous êtes ingrats comme Bertrand, comme lui vous serez punis. »

vrai ! On voit trop souvent, par exemple, les personnes
secourues, aidées, protégées, parler avec peu de charité
de leur bienfaiteur, en médire, le déchirer par leurs
discours, se plaindre toujours qu'on ne fait pas assez
pour elles. Gardons-nous de ces écarts impardonnables,
et pratiquons avec zèle la reconnaissance comme un devoir sacré. L'ingratitude est déjà *odieuse*, comme celle
de ce sapajou, quand elle se borne à l'oubli du bienfait.

45.

LE POT FÊLÉ [1].

Moins pourvu d'or que de science [2],
Un jeune clerc [3], petitement [4] meublé,
  Avait étourdiment fêlé
Son pot à l'eau de modeste faïence.
  Le malheur n'était pas entier [5] ;
L'eau ne s'échappait pas à travers la fissure [6] ;
  Mais la moindre mésaventure [7]
Faisait frémir le futur bâtonnier [8].

---

[1] « Fendu. »

[2] « Moins riche que savant. »

[3] On appelle *clercs* les jeunes gens qui travaillent chez les
avoués, les notaires, les avocats, pour se préparer à la pra-
tique de la jurisprudence et des affaires. Ils font d'ordinaire
cet apprentissage après avoir achevé leurs études de droit,
et peuvent être déjà fort instruits.

[4] « Chétivement, pauvrement. »

[5] « Complet, » comme s'il eût fait au pot une brèche
telle qu'il n'aurait plus été d'aucun usage.

[6] « La fente. »

[7] « Le moindre accident. »

[8] On appelle *bâtonnier des avocats* celui qui est choisi
par le corps des avocats d'une cour de justice pour être leur

Il n'avait pas un sou d'avance,
Et cette modique[9] dépense
Eût détraqué son budget d'écolier[10].
Eclairé par sa pénurie[11],
Il connaît enfin tous le prix
Du meuble que son incurie[12]
Avait failli mettre en débris[13].
Il le ménage alors avec un soin extrême ;
Il le prend à deux mains, hésite à le remplir,
Le porte bellement[14] et le pose de même ;
A peine ose-t-il s'en servir[15].
C'est fort bien ; en tout temps la prévoyance est bonne ;
Mais s'il eût pris un peu plus tôt
Le quart des peines qu'il se donne,
Il n'aurait pas fêlé son pot.

Tel est l'homme partout ; c'est ainsi qu'il en use

---

chef pendant un certain temps. On le nomme ainsi parce qu'il a en garde le *bâton* de la confrérie. C'est une distinction fort honorable, et le jeune clerc rêve déjà, dans sa chambre *petitement* meublée, et en présence de son pot *fêlé*, aux succès qui l'attendent dans sa carrière ; le poète, entrant dans cette pensée, l'appelle en badinant un *bâtonnier futur*. On a dit de même que tout soldat portait dans son havresac le bâton de maréchal de France.

[9] « Modeste, petite. »

[10] « Eût porté le désordre dans ses comptes, » que le poète nomme plaisamment son budget, comme on appelle le compte annuel des dépenses de l'Etat.

[11] « Gêne, besoin d'argent. »

[12] « Sa négligence. »

[13] « Avait risqué de mettre en pièces. »

[14] « Doucement. »

[15] Il s'en sert cependant ; sans cela autant vaudrait que le pot fût cassé.

Avec les biens que le ciel lui départ [16].
Quand rien ne les menace, il jouit, il abuse,
Et parfois l'insensé livre tout au hasard [17].
Heureux quand sa prudence, à propos avertie,
Peut réparer encor les torts de sa folie !
Mais quand la raison parle il est souvent trop tard.

VIENNET.

Les soins attentifs pour ménager ce que vous possédez ne sauraient vous être trop tôt ni trop vivement recommandés. On voit, mes amis, assez de gens faire fortune : on n'en voit pas beaucoup la conserver intacte jusqu'à la fin de leurs jours, et la transmettre à leurs enfants. Il semble qu'il faille payer par quelques pertes graves l'apprentissage de l'économie et de la prudence. Beaucoup de gens commencent par *fêler leur pot*, c'est-à-dire par faire une brèche à leur fortune, et ne songent qu'après à ménager ce qui reste. Voilà donc une leçon fort utile ; elle vous est donnée avec beaucoup d'esprit par le poète, et sans doute l'exemple de son jeune clerc vous profitera.

46.

L'ABEILLE ET LA FOURMI.

A jeun, le corps tout transi [1],

---

[16] « Lui donne pour sa part. »

[17] *Il jouit :* c'est permis ; *il abuse :* c'est mal ; *il livre ses biens au hasard :* c'est folie.

[1] « Engourdi. »

Et pour cause[2],
Un jour d'hiver la fourmi,
Près d'une ruche bien close[3],
Rôdait, pleine de souci.
Une abeille vigilante
L'aperçoit et se présente.
« Que viens-tu chercher ici? »
Lui dit-elle. — « Hélas! ma chère, »
Répond la pauvre fourmi,
« Ne soyez pas en colère :
Le faisan, mon ennemi,
A détruit ma fourmilière ;
Mon magasin est tari[4] ;
Tous mes parents ont péri
De faim, de froid, de misère.
J'allais succomber aussi,
Quand du palais que voici
L'aspect[5] m'a donné courage.
Je le savais bien garni
De ce bon miel votre ouvrage ;
J'ai fait effort, j'ai fini
Par arriver sans dommage[6].
Oh! me suis-je dit, ma sœur
Est fille laborieuse,
Elle est riche et généreuse ;

---

[2] Cette cause est indiquée dans le vers suivant ; on est en hiver : c'est de froid que la fourmi est transie.

[3] « Bien fermée. »

[4] *Tari* se dit ordinairement des rivières, des fontaines *mises à sec ;* ici il signifie *épuisé, vide.*

[5] « La vue. »

[6] « Sans accident, sans souffrir de mal. »

Elle plaindra mon malheur.
Oui, tout mon espoir repose
Dans la bonté de son cœur.
Je demande peu de chose ;
Mais j'ai faim, j'ai froid, ma sœur !
— Oh ! oh ! répondit l'abeille,
Vous discourez à merveille [7].
Mais vers la fin de l'été,
La cigale m'a conté
Que vous aviez rejeté
Une demande pareille [8].
Quoi ! vous savez [9] ?...—Mon Dieu, oui ;
La cigale est mon amie.
Que feriez-vous, je vous prie,
Si, comme vous, aujourd'hui
J'étais insensible et fière ;
Si j'allais vous inviter
A promener ou chanter [10] ?
Mais rassurez-vous, ma chère ;
Entrez, mangez à loisir [11],
Usez-en comme du vôtre [12],

---

[7] « Vous parlez éloquemment. »

[8] Ceci fait allusion, c'est-à-dire se rapporte à la fable de la Cigale et la Fourmi de La Fontaine ; voir la première partie, fable I.

[9] Ces mots interrompus expriment le trouble de la fourmi, et contiennent un aveu de sa faute.

[10] Comme lorsque vous avez dit à la pauvre cigale :

Vous chantiez ! J'en suis fort aise.
Eh bien ! dansez maintenant.

[11] « A votre aise, sans vous presser. »
[12] « Usez de mon bien comme s'il était à vous. »

Et surtout, pour l'avenir,
Apprenez à compatir[13]
A la misère d'une autre.

LAURENT DE JUSSIEU.

Cette fable naïve vous rappellera sans doute, mes jeunes amis, celle que nous avons placée en tête de la première partie de notre *Fablier*. La fourmi, qui s'est montrée dure et fière envers la cigale, paraît ici bien humiliée. Il est vrai que, si elle est tombée dans l'indigence, il n'y a pas eu de sa faute; sa condition n'est pas la même que celle de la cigale, qui était pauvre parce qu'elle avait perdu son temps ; cependant la fourmi avait manqué de charité, et elle mérite les reproches de l'abeille. Pour celle-ci, elle parle bien, mais elle agit encore mieux. Il est impossible d'exercer l'hospitalité avec plus de grâce. Combien la fourmi doit être confuse, quand elle se compare à sa généreuse bienfaitrice ! L'abeille, en se montrant indulgente et charitable aux jours de la prospérité, se donne des droits à la compassion de tous les bons cœurs, si jamais elle tombe dans l'indigence. L'exemple qu'elle nous offre est comme une goutte de ce miel qu'elle tire des fleurs. Vous en aimerez la douceur charmante ; le Dieu qui protége les travaux de l'abeille bénira les vôtres, et quelque jour, possesseur d'une *ruche bien close*, vous pourrez aussi dire aux malheureux :

« Entrez : mangez à loisir,
Usez-en comme du vôtre. »

---

13 « Avoir pitié. »

47.

LES DEUX LAMPES.

Tout reposait [1] : au temple solitaire,
Où veille du Seigneur l'éternelle bonté [2],
Une lampe brûlait, et dans le sanctuaire [3]
    Répandait sa douce clarté.
Une autre lampe auprès pendait inanimée [4],
Sans chaleur et sans flamme, et l'huile parfumée [5]
Reposait inutile en son sein argenté [6].
« Vous voilà, disait-elle, à demi consumée,
Et bientôt s'éteindra votre pâle lueur :
    Je plains votre destin, ma sœur !
    La flamme ardente vous dévore :
    Demain, quand renaîtra l'aurore,
Du liquide trésor [7] que je porte en mon sein,
    Ma sœur, je serai pleine encore,
    Et vous, que serez-vous demain ?
    — Vous me plaignez, répondit l'autre,
Et mon sort vous paraît bien triste auprès du vôtre :
    Je le préfère cependant.

---

[1] « Tout le monde se livrait au repos, au sommeil. »

[2] Beau contraste ! Nous dormons et le Seigneur veille. En effet, le Tout-Puissant n'a nul besoin de repos ; le sommeil est le remède de la faiblesse.

[3] « Le lieu *saint*, le temple. »

[4] « Non allumée. »

[5] L'huile des lampes d'église est quelquefois parfumée, et répand une bonne odeur.

[6] Expression poétique, pour dire que la lampe était d'argent ou argentée.

[7] « L'huile, » richesse, trésor de la lampe.

La lampe où ne luit nulle flamme,
O ma sœur, c'est un corps sans âme[8],
Qui languit éternellement.
Je bénis la main qui m'allume,
Car en brûlant je me consume,
Mais j'éclaire en me consumant.

ANATOLE DE SÉGUR.

Vous comprenez sans doute, mes amis, la vérité enveloppée sous l'image de ces deux lampes: la lampe qui brûle c'est l'homme utile, actif et bienfaisant, qui use ses forces au profit de ses semblables, qui se dévoue, sans mesurer toujours ses forces, et qui veut, avant tout, *consumer* ses jours en faisant du bien, en *éclairant* ses frères, s'il est appelé à les instruire; en les *nourrissant*, s'il cultive la terre; en les *habillant*, en leur rendant tel ou tel autre service, selon son état. Quel que soit le bien qu'il nous fasse, nous pouvons le comparer à la lampe qui se *consume en éclairant*. Quant à celle qui demeure éteinte, inutile, oisive, avons-nous besoin de vous dire qui elle représente? Non, mes amis, vous le devinez, et sans doute elle ne sera jamais votre emblème. Vous souhaiterez de vivre non pas longuement, mais honorablement; vous voudrez, non vous épargner en égoïstes, mais vous employer en gens de cœur. Est-ce vivre, d'ailleurs, que de végéter dans une obscure indolence, et d'être pour les autres comme si l'on n'était pas?

---

[8] Il est assez naturel de comparer l'âme à une lumière qui anime le corps; et, réciproquement, une lampe éteinte peut être appelée figurément un corps sans âme.

FIN

TABLE DES MATIÈRES

PAR ORDRE DE CLASSIFICATION.

TABLE DES FABLES

PAR ORDRE ALPHABÉTIQUE.

Pages.

www.ingramcontent.com/pod-product-compliance
Lightning Source LLC
Chambersburg PA
CBHW060146100426
42744CB00007B/919